Neue Reihe
Staatswissenschaftlicher Arbeiten
3. Heft

Technischer Fortschritt und Arbeitslosigkeit

Von

Dr. Alfred Kruse

Duncker & Humblot / München und Leipzig

Copyright 1936 by Duncker & Humblot,
München und Leipzig

Pierersche Hofbuchdruckerei Stephan Geibel & Co., Altenburg, Thür.

Meinem hochverehrten Lehrer
PROFESSOR ADOLF WEBER
in Dankbarkeit

Inhalt

	Seite
I. Vorbemerkung	1

Freisetzungs- und Kompensationstheorie. — Die Untersuchungsmethode.

II. Technischer und ökonomischer Fortschritt 3
Technischer Fortschritt und Änderung des technischen Verfahrens als Folge einer Kostenverschiebung. — Betriebswirtschaftliche und volkswirtschaftliche Rationalisierung.

III. Das Kapitalproblem 9
Der Kapitalbedarf zu einer Produktionsausdehnung. — Der Gesamtkapitalbedarf ist abhängig von der Zusammensetzung des Kapitals.

IV. Das Maschinenherstellungsargument der Kompensationstheorie .. 13
Die beiden Gründe, die den Fehler aufweisen. — Methodische Vorbemerkungen.

V. Die Kompensation bei gleichem Kapitalbedarf 15
 a) Kompensation durch Verwendung der Extragewinne 17
 Die Größe der anfallenden Gewinne. — Produktive Verwendung der Gewinne. — Konsumtive Verwendung der Gewinne.
 b) Kompensation durch Preissenkung................ 24
 Das falsche Argument von den Kaufkraftüberschüssen. — Die Nachfrageverschiebung. — Die Einkommensverschiebung. — Kapitalbildung und Kompensation. — Die Möglichkeiten einer Wiederbeschäftigung durch erfolgte Preissenkung.

VI. Die Kompensation bei größerem Kapitalbedarf 33
 a) Kapitalbereitstellung durch Sparen 35
 Zinssteigerung und das Angebot von Kapitaldisposition. — Die verschiedenen Arten des Sparens.
 b) Kapitalentzug aus anderen Produktionen 37
 Einfachster Verlauf. — Der Mangel an Liquidierbarkeit. — Risiko und Selbstfinanzierung. — Hemmungen durch gebundene Preise. — Ergebnis.
 c) Kapitalbereitstellung durch Kreditexpansion 42
 Änderungen auf der Produktionsseite. — Änderungen auf der Konsumseite. — Automatische Deflation? — Diskontinuierliche Kapitalbildung?

VII. Der technische Fortschritt bei Monopolen 47
 a) Technischer und ökonomischer Fortschritt beim Monopol 47
 b) Der Einfluß des technischen Fortschrittes beim Monopol auf dem Arbeitsmarkt 49
 Nicht jede Kostensenkung führt zu Produktionsausdehnung. — Die Einkommensverschiebung. — Konsumieren oder Sparen. — Das Monopol ist für die Kompensation günstig.

VIII. Kompensation durch Lohnsenkung 56
Der Preismechanismus auf dem Arbeitsmarkt und das Entstehen von Arbeitslosigkeit. — Die fehlende Angebotsanpassung. — Die geringe Beweglichkeit. — Marktverbindung. — Kapitalfehlleitung als Folge mangelnder Preiselastizität bei Arbeit.

IX. Das Tempo des technischen Fortschritts und das Tempo der Kompensation 68
Kapitalzerstörung. — Die Tendenz zur Kompensation der Kapitalgütervernichtung. — Die Bestzeit zur Anwendung neuer Erfindungen. — Planwirtschaft als Ausweg? — Kompensationszeit, Folgezeit und Dauerarbeitslosigkeit.

X. Das Ergebnis 76
Literatur 80

I. Vorbemerkung

Unser Thema wird in der Diskussion in mehreren Varianten behandelt, sei es, daß man es sieht als aktuelles Tagesproblem, Rationalisierung und Arbeitsmarkt, sei es, daß es im Mittelpunkt eines ganzen ökonomischen Theoriengebäudes steht, so bei Marx und den Marxisten als Lehre von der Reservearmee des Kapitals oder auch es wird im großen Zusammenhang des Verhältnisses von Mensch zu Technik gesehen. Im Grunde ist es aber immer wieder die gleiche Frage, die es zu beantworten gilt: Wie wirkt der dynamische Faktor Technik als Kombinationsmöglichkeit der Produktionsfaktoren auf die Daten der Wirtschaft ein?

Der wissenschaftliche Streit um die Wirkung des technischen Fortschritts auf die Arbeiterbeschäftigung wird von zwei Seiten geführt, von der Freisetzungstheorie und der Kompensationstheorie. Die eine behauptet, dauernde oder langdauernde Arbeitslosigkeit sei die Folge eines technischen Fortschrittes, nur vorübergehende Freisetzung die andere. Beide verkennen nicht die produktivitätsteigernde Wirkung der arbeitsparenden Erfindungen, doch ist die Freisetzungstheorie der Meinung, daß diese überkompensiert würde durch die Schäden der Arbeitslosigkeit, oder daß die Vorteile nur den Unternehmern zugute kämen, die Arbeiter aber stets die Verlierer seien. Die Kompensationstheorie dagegen behauptet, die Arbeiterfreisetzung sei nur eine vorübergehende und die Vorteile aus einer gestiegenen Produktivität käme nicht nur den Unternehmern, sondern auch den Arbeitern als Konsumenten durch die notwendig eintretende Verbilligung der Produkte zugute.

Die Ansichten der meisten Menschen über dieses Thema, besonders die der unmittelbar davon betroffenen scheinen eher pessimistisch als optimistisch zu sein. Über dem Schicksal des einzelnen wird allzu leicht das gemeinsame vergessen. Man sieht die Verdrängung einzelner Arbeiter durch die Maschine oder auch den Zusammenbruch eines ganzen Produktionszweiges durch ein neues technisches Verfahren, man sieht aber nicht den erhöhten Arbeitsbedarf an anderer Stelle der Wirtschaft oder den Aufschwung ganz neuer Produktionszweige. Der örtliche und zeitliche Abstand zwischen Arbeitslosigkeit hier und heute und neuer Beschäftigung dort und morgen wird meist nicht gesehen. Die Kausalität arbeitsparende Maschine und Arbeitslosigkeit ist offenbar, die Kausalität von Freisetzung und Wiederbeschäftigung zu anderer Zeit und an anderer Stelle der Wirtschaft dagegen ist nicht immer leicht zu erkennen.

Der Zweck dieser Arbeit soll sein, zu versuchen festzustellen, ob eine solche Tendenz in unserer Wirtschaftsverfassung besteht, daß eine Arbeiterfreisetzung als Folge eines arbeitsparenden technischen Fortschritts stets eine Wiederbeschäftigung eintreten muß und, wenn dies bejaht werden kann, welche Einwirkungen die Kompensation verzögern oder beschleunigen.

Der Begriff des technischen Fortschritts soll in seinem weitesten Sinne verstanden werden, als eine fortschrittliche Änderung der Kombination der Produktionselemente; es ist damit also nicht nur der Fortschritt der rein technischen Produktionsweise miteingeschlossen, sondern ebenso der organisatorische Fortschritt.

Das Ergebnis unserer Arbeit wird nun nicht unmittelbar das Auffinden einer Richtschnur für den Wirtschaftspolitiker sein können, es soll uns nur die Einsicht in das wirtschaftliche Gefüge und Funktionieren in einer besonderen Fragestellung erleichtern helfen. Es darf im folgenden also nicht ein Leitfaden für die bestmögliche Handlungsweise eines Wirtschaftspolitikers erwartet werden. Dazu wäre noch notwendig eine Verbindung unseres theoretischen Ergebnisses mit der Kenntnis der konkreten Wirtschaftslage — Ausmaß der technischen Fortschritte, Ausmaß der Freisetzungen, die bestehende Arbeitslosigkeit in Deutschland usw. — und der klaren und entschiedenen Zielsetzung, die politisch-weltanschaulich bestimmt sein müßte, in diesem Falle also Vermeidung von Störungen in der Wirtschaft zur größtmöglichen Förderung des Volkes; wobei aber wiederum klar sein muß, ob nicht vielleicht eine vorübergehende Schädigung einzelner Schichten im Interesse des Volksganzen hingenommen werden darf oder aber ob das Volk in allen seinen Gliedern gleichmäßig gefördert werden soll, auf die Gefahr hin, die Entwicklung der Volkskraft und des Volksreichtums zu verlangsamen.

Da wir im folgenden im Bereiche der Theorie bleiben, ist auch die Untersuchungsmethode gegeben. Die Induktion ist für die Erkenntnis einer gegebenen Lage oder eines historischen Ablaufs die geeignete Methode, sie kann uns aber keine allgemein gültige Kausalitätsanalyse geben. Wir wissen wohl, daß im letzten Jahrhundert eine stets wachsende Zahl von Menschen während einer technischen Umwälzung beschäftigt wurde, aber wir wissen nicht, ob dies wegen oder trotz des technischen Fortschritts geschah. Die wirtschaftliche Entwicklung, die wir in der Wirklichkeit wahrnehmen, ist eine fortwährende Veränderung der Erscheinungen, sie ist ein Zusammenwirken von Bewegungserscheinungen, aus der die Kausalität der Kompensation einer anfänglichen Arbeiterfreisetzung nicht klar ersichtlich ist. Zur Erlangung objektiver Gewißheiten ist die Scheidung des Wesentlichen vom Unwesentlichen notwendig. Es müssen die Daten klassifiziert und umgeformt werden. Das Erkenntnisobjekt muß vom Erfahrungsobjekt geschieden werden, mit anderen Worten, es muß ein Wirtschaftsmodell geschaffen werden, an dem Ursache und Wirkung verfolgt werden können, was bei Betrachtung der uns umgebenden Wirtschaft allein nicht möglich ist. Die Wirtschaftswissenschaft ist nicht in der glücklichen Lage wie die Naturwissenschaften, sie kann nicht mit Hilfe von Experimenten ihre Ergebnisse prüfen oder gar zu neuen Erkenntnissen gelangen. Als Ersatz muß der Volkswirt, der für Volk und Staat gleichwichtige Zusammenhänge aufdecken will, sich gleichsam einen gedanklichen Experimentiertisch schaffen. Bei solchem Wirtschaftsmodell, das mehr Sinnbild als Abbild unserer Volkswirtschaft sein will, sind nicht nur die Daten umgeformt, auch aus der Fülle der wirksamen Kräfte sind nur die wirtschaftlichen in das Modell übernommen. Wenn wir uns auf solche beschränken — und wir müssen es, um überhaupt wissenschaftliche Aussagen machen zu können —, so dürfen wir bei Verwendung der Ergebnisse unsere Voraussetzungen nicht übersehen, wir würden sonst in den Irrtum der Manchesterschule verfallen, das Wirtschaftsmodell mit der lebendigen Volkswirtschaft zu identifizieren.

Die Deduktion soll daher im folgenden verwandt werden. Zwei Gefahren bleiben allerdings. Einmal kann eine Ableitung aus aprioristischen Sätzen leicht zu logisch falschen Schlüssen führen. Zum anderen aber können die notwendig wirklichkeitsfremden Abstraktionen leicht zu einer bloßen Gedankenakrobatik verleiten, wenn sie nicht als bloße Denkschemata das Verständnis für die Wirklichkeit schaffen können.

Zur Erleichterung der Darstellung unserer Gedankengänge wird häufig die graphische Methode mit herangezogen werden. Die geradezu klassische Weise, in der Barone die zeichnerische Methode verwandte, schwebt unserer Untersuchung immer als unerreichbares Vorbild voran.

II. Technischer und ökonomischer Fortschritt

Um das Problem des technischen Fortschrittes gegenüber ähnlichen abzuheben, ist es notwendig zu unterscheiden zwischen der Anwendung eines bereits bekannten technischen Verfahrens, das jedoch bisher unrentabel war, und der Erweiterung des technischen Wissens und der ökonomischen Anwendung dieser neuen technischen Methode. Die Anwendung einer bereits bekannten technischen Methode findet statt, wenn eine Änderung des Verhältnisses der Kostenelemente zueinander eingetreten ist. Eine solche Änderung der Kostenverhältnisse kann vor allem in zwei veränderten Tatbeständen ihren Grund haben. Eine Änderung des Zinses oder des Lohnes kann durch eine Veränderung der angebotenen oder nachgefragten Menge von Kapital und Arbeit verursacht sein.

Eine Lohnsteigerung kann aber auch durch die Monopolpolitik der anbietenden Arbeiter bewirkt worden sein. Eine solche Lohnerhöhung kann den Unternehmer zum Übergang zu einer anderen technischen Methode zwingen, die vorher vielleicht schon bekannt war. Es ist jedoch falsch, dies, wie es die sog. gewerkschaftliche Foltertheorie getan hat, als erzwungenen technischen Fortschritt anzusehen. Ein technischer Fortschritt liegt nur dann vor, wenn ein Produkt durch dieses neue Verfahren billiger hergestellt wird. Wenn aber der Unternehmer bisher richtig kalkuliert hat, war die alte Methode die billigste. Wird er jetzt durch die Lohnsteigerungen gezwungen, das neue Verfahren einzuführen, weil es beim erhöhten Lohn billiger ist, so liegt keine Kostensenkung, sondern eine Kostensteigerung vor, kein technischer Fortschritt, nur eine andere technische Anwendung, weil das Verhältnis der Kostenelemente zueinander sich verschoben hat.

Diese erste Art kann begriffsinhaltlich nicht zu unserer Untersuchung gehören. Der zweite Fall, der technische Fortschritt als Anwendung einer neuen Erfindung, tritt dagegen auch ein, wenn das Kostenverhältnis sich nicht verschiebt.

In Abb. 1 seien auf der Abszisse die Mengen des Produktionsfaktors Arbeit *(a)* abgetragen, auf der Ordinate die des Produktionsfaktors Kapital *(k)*. Jeder Punkt im ersten Quadranten stellt eine Kombination von Arbeit und Kapital dar zur Erzeugung einer bestimmten Menge m eines Gutes. T_1, T_2 ... seien alle solche Punkte, deren Koordinaten eine bekannte Kombinationsmöglichkeit für eine Mengeneinheit bedeuten. Jeder Punkt stellt ein bekanntes technisches Verfahren dar.

Man kann Schuhe mit komplizierten Maschinen und man kann dieselben Schuhe mit primitiven Schustergeräten herstellen. Im einen Fall ist zur Erzeugung der Schuhe wenig Arbeit und verhältnismäßig viel Kapital notwendig, im anderen Falle viel Arbeit und wenig Kapital. Zwischen diesen Produktionsverfahren gibt es noch viele andere, bei denen jeweils verschiedene Mengen von Arbeit und Kapital kombiniert sind.

Die Technik allein kann von sich aus nicht entscheiden, welches Produktionsverfahren wirtschaftlich das günstigere ist, ob eine handbetriebliche Schuhwerkstatt oder eine maschinelle Schuhfabrik. Die Technik kann nur Methoden auswählen, wo es sich um solche Kombinationen handelt, für die gleiche Mengen des einen Faktors mit verschiedenen Mengen des anderen Faktors kombiniert werden können. So wird die Technik aus den Kombinationen T_3 und T_4 das technische Verfahren T_3 auswählen können, da der gleiche Erfolg mit gleicher Menge von a und mit kleinerer Menge von k hergestellt werden kann. Aber die Verfahren T_1 und T_7 zum Beispiel sind für den Techniker gleich gut und gleich schlecht. Der Wirtschafter allein kann hier entscheiden. Der Maßstab ist das Preisverhältnis. Stellen wir uns das Preisverhältnis von Arbeit zu Kapital durch die Richtung einer Geraden g dar. Dann ist jener Technikpunkt der günstigste — und stellt die öko-

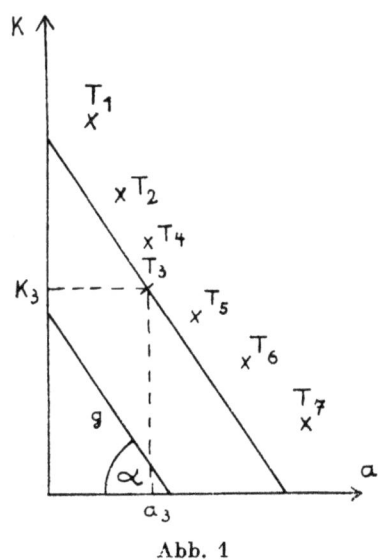

Abb. 1

nomischste Kombination dar —, durch den die Tangente zu g dem Ursprung am nächsten ist[1]. Das ist in unserem Falle T_3. Unter den gegebenen Preisverhältnissen stellt die Kombination von a_3 Mengen Arbeit mit k_3 Mengen Kapital die Kombination dar, die zur Erzeugung einer bestimmten Menge m des Produktes die geringsten Kosten verursacht.

---

[1] Vgl. Erich Schneider: Theorie der Produktion. Wien 1934. S. 24. Wenn l der Lohn und z der Zins ist, dann sind die Produktionskosten $GK = a \cdot l + k \cdot z$. Somit $k = -\frac{l}{z} \cdot a + \frac{GK}{z}$. Das Verhältnis von Lohn zu Zins bleibt bei Konstantem $-\frac{l}{z}$, also bei Parallelverschiebung der Graden, unverändert. Mit sinkendem $\frac{GK}{z}$ sinkt dann bei gleichbleibendem z (und l) auch GK.

Ändert sich der Preis eines Produktionsfaktors, so ändert sich die Richtung der Geraden, und es ist möglich, daß eine andere der bereits bekannten Kombinationen die ökonomischere wird. In Abb. 2 sind T_1, T_2 und T_3 die drei bekannten möglichen Arten der Erzeugung einer Menge m eines Gutes mit verschiedenen Mengen von Arbeit und Kapital. Die Richtung der Geraden g zeigt uns wieder das Preisverhältnis der elementaren Produktionsfaktoren an und besagt, daß bei T_2 die geringsten Produktionskosten entstehen. Ändert sich g nach g', ändert sich die Richtung in tg α', weil die Kostenproportion sich verschoben hat, so wird das Verfahren T_1 das günstigere, da eine Gerade durch

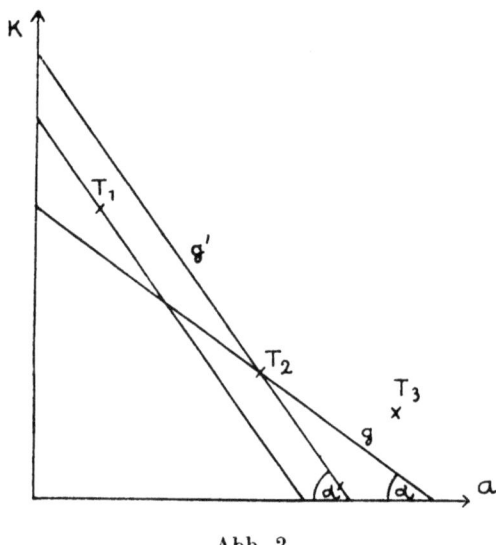

Abb. 2

T_2 (oder auch durch T_3) weiter vom Ursprung entfernt ist, also höhere Produktionskosten entständen. Ob dadurch aber die insgesamt entstehenden Kosten geringer sind als bei T_2 mit dem alten Kostenverhältnis, ist nicht gesagt. Wenn zum Beispiel eine Lohnerhöhung durch Gewerkschaften der Grund der Proportionsänderung war, so sind die Kosten sicher gestiegen, da keine Senkung der Kapitalkosten eingetreten ist. Hier wird der Unterschied von technischem Fortschritt und neuer technischer Anwendung als Folge der Änderung der Kostenproportion deutlich: ein ökonomischer technischer Fortschritt bringt stets eine Kostensenkung, eine neue technische Anwendung ist aber nur das Verwenden eines neuen Produktionsverfahrens, dessen Ursache eine Kostensenkung oder aber auch eine Kostensteigerung sein kann, jedenfalls eine Änderung der Kostenproportion.

Ein technischer Fortschritt durch Erweiterung des technischen Wissens dagegen bedeutet in unserer graphischen Veranschaulichung das Finden eines neuen Technikpunktes. Die Kombination T_4 in unserer Abb. 3 wird erfunden und bei den gegebenen Kostenverhältnissen durchgeführt, da die Kosten um so geringer sind, je näher die Kostentangente dem Ursprung kommt.

Der Techniker kann nun viele Erfindungen machen, Verfahren herausfinden, das Produkt durch andere Mengenkombinationen herzustellen. Diese sind jedoch nur insoweit wirtschaftlich relevant, als sie eine Kostensenkung herbeiführen. So ist es heute bei genügend großem

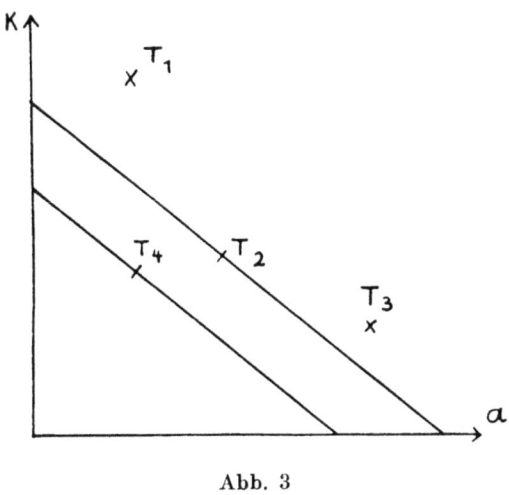

Abb. 3

Aufwand wohl chemotechnisch möglich, viele Rohstoffe künstlich herzustellen. Diese Experimente bleiben jedoch solange Experimente, als nicht eine solche Kostensenkung erreicht wird, daß eine Verbilligung des Endprodukts eintritt. Damit der Weg von der Retorte zur industriellen Produktion beschritten werden kann, müssen entweder die Kosten sinken oder es muß der Produktpreis steigen. Solche anfänglich unrentablen Erfindungen können also in der Zukunft bedeutsam werden, wenn sich das Kostenverhältnis der substituierbaren Produktionsfaktoren verschoben hat. Ist T_2 in Abb. 2 das bis jetzt bekannte und verwandte Verfahren, und wird die Herstellungsart T_1 gefunden, so ist diese heute, solange g die Gerade des Kostenverhältnisses ist, für den Unternehmer unbeachtlich. Tritt nach einiger Zeit jedoch eine Änderung der Kostenverhältnisse ein, wird g zu g', so kann das neue Verfahren sehr wohl einzuführen sein. Verursacht ein Steigen der Kapitalbildung ein Sinken des Zinses oder die Lohnpolitik ein Steigen des

Arbeitsentgeltes, so wird das arbeitsparende Verfahren T_1 von den Unternehmern eingeführt werden.

Doch da nicht für jede Produktionsmenge die Einheitskosten gleich sind, kann die Erfindung kostensenkend wirken und doch nicht anwendbar sein. Übersteigt die zu niederen Kosten produzierbare Menge die Fassungskraft der Nachfrage, so ist das Verfahren unbrauchbar, wenn die Kosten für die gerade nachgefragte Menge höher sind.

Es ist also nicht jedes neue Produktionsverfahren, ja nicht einmal jedes kostensenkende Produktionsverfahren ein wirtschaftlicher Fortschritt. Die Unternehmer stellen an das neue Verfahren höhere Ansprüche als die Techniker. Ein technischer Fortschritt, wenn ihm ökonomische Bedeutung zukommen soll, ist stets eine Neuerung im technischen Verfahren, das kostensenkend wirkt, jedoch nicht kostensenkend schlechthin, sondern stückkostensenkend für die gerade am Markt verlangte Menge eines Gutes.

Alle Verschiedenheiten der Beurteilung einer neuen Erfindung nach technischen und ökonomischen Gesichtspunkten allein reichen noch nicht aus. Die bisherigen Überlegungen fanden entweder innerhalb eines Betriebes oder einer Unternehmung statt. Aber schon die Tatsache, daß eine Problematik „Technischer Fortschritt und Arbeitslosigkeit" besteht, legt uns die Frage nahe, ob nicht der technische Fortschritt betriebswirtschaftlich und sozialökonomisch anders zu beurteilen ist. Wenn Arbeitslosigkeit als Folge eines betriebswirtschaftlich richtigen Handelns der Unternehmer bei Durchführung des technischen Fortschritts auftreten kann, so ergibt sich für die Sozialökonomie vielleicht noch eine andere Fragestellung als für die Betriebswirtschaft. Treten im Gefolge der Rationalisierung eines Unternehmens Kapitalvernichtungen in einem anderen auf oder werden die Neuanlagen im gleichen Unternehmen zu einem späteren Zeitpunkt durch schnell aufeinanderfolgende technische Fortschritte wirtschaftlich vernichtet, oder tritt als Folge des technischen Fortschritts Arbeitslosigkeit oder auch nur Wechsel des Arbeitsplatzes ein, so ergibt sich in diesen Fällen für die Gesamtwirtschaft eine andere Rechnung als für den einzelnen Unternehmer. Dieser vergleicht lediglich Kosten und Preis. Senkt ein neues arbeitsparendes Verfahren die Kosten, so wird er es anwenden. Die Kapitalvernichtungen in den Konkurrenzunternehmungen braucht er nicht mit einkalkulieren. Die Arbeiter, die arbeitslos werden, müssen von der Gesellschaft erhalten werden, ohne daß sie einen produktiven Beitrag leisten. Sie werden ihre Ersparnisse aufzehren, von den Unterstützungen anderer oder des Staates leben müssen. Aber auch wenn volle sofortige Kompensation der Freisetzung eintreten könnte, so entständen der Gesellschaft dennoch Kosten für die Umschulung der betroffenen Arbeiter, zur Ausbildung für einen neuen Beruf, und für die

Umsiedlung vom alten zum neuen Arbeitsort. All dieses sind, sozialökonomisch gesehen, Kosten. Der Unternehmer braucht diese nicht mit einkalkulieren, die der Gesamtwirtschaft dennoch entstehen.

Nun wäre es aber falsch, so wie es z. B. Otto Bauer[2] tut, alle jene Fälle als Fehlrationalisierung anzusehen, wo die sozialökonomischen Mehrkosten (Unterstützung der Arbeitslosen, Umlernung und Umsiedlung der freigesetzten Arbeiter) den privatwirtschaftlichen Gewinn des Unternehmers übersteigen. Denn diesem ist entgegenzuhalten: Die Kosten, die der Gesellschaft entstehen, sind — soweit nicht Dauerarbeitslosigkeit entsteht — vorübergehend, während die Vorteile, die dem einzelnen Unternehmer oder dem Konsumenten erwachsen, dauernde sind. Die billigere Versorgung der Wirtschaft als Folge des technischen Fortschritts ist eine dauernde, ob der Träger dieses Vorteils sich ändert, gibt keine Veranlassung, die Wirkung anders zu beurteilen. Da die Mehrkosten der Gesellschaft nur vorübergehend sind, so werden sie — mögen sie auch noch so hoch sein — von dem Produktivitätsvorteil, auch wenn dieser sehr gering ist, überkompensiert werden. Wenn aber, bevor die sozialökonomischen Mehrkosten durch den dauernd wirksamen Produktivitätszuwachs ganz ausgeglichen sind, dieses technische Verfahren durch ein noch anderes ersetzt werden muß, dann gibt es tatsächlich einen Gegensatz zwischen privatwirtschaftlicher und volkswirtschaftlicher Rationalisierung.

Das Entscheidende aber ist hier, daß nicht ein Gegensatz der Kostenrechnung der Unternehmer und der Gesellschaft besteht, sondern daß die Rechnung des Unternehmers privatwirtschaftlich und volkswirtschaftlich richtig war, aber durch die unberechenbare Entwicklung des technischen Wissens verändert wurde und dadurch Verluste gebracht hat.

III. Das Kapitalproblem

Ein technischer Fortschritt bewirkt in der Privatwirtschaft und in der Volkswirtschaft beinahe stets eine Änderung des Kapitalbedarfes. In der bisherigen Kontroverse der Kompensationstheoretiker und der Freisetzungstheoretiker spielte die Verwandlung von Betriebskapital, vor allem Lohnkapital in Anlagekapital, in einer Unternehmung die Hauptrolle, die Frage des Gesamtkapitalbedarfs in der Volkswirtschaft dagegen wurde nicht genügend beachtet.

---

[2] Otto Bauer: Rationalisierung — Fehlrationalisierung. Wien 1931, S. 166 ff. Ebenso Manuel Saitzew: Eine lange Welle der Arbeitslosigkeit. (In: „Die Arbeitslosigkeit der Gegenwart", Schriften d. Vereins für Sozialpol., Bd. 185, München und Leipzig 1932.) Vgl. auch den Diskussionsbeitrag Wissels auf der Dresdener Tagung des Vereins für Sozialpol. (Schr. d. V. f. Sozpol., Bd. 187, S. 92/93).

So möge als Beispiel die Argumentation der Kompensation der freigesetzten Arbeiter durch nachfolgende Produktionspreissenkung dienen. Dieses Argument lautet etwa folgendermaßen: Der technische Fortschritt hat bei dem einzelnen Unternehmer eine Kostensenkung verursacht. Bei Bestehen freier Konkurrenz wirkt sich diese Minderung der Produktionskosten in einer Preissenkung der erzeugten Waren aus. Diese Senkung des Preises erlaubt den Konsumenten eine Ausdehnung ihres Verbrauches dieses oder eines anderen Gutes. Die Folge müßte somit eine Erweiterung des Produktionsumfanges sein. Durch eine solche Erweiterung der Produktion finden aber die ursprünglich freigesetzten Arbeiter des rationalisierten Unternehmens oder Wirtschaftszweiges wieder Beschäftigung.

Wenn diese Beweisführung nicht schon aus anderen Gründen anfechtbar wäre[1], so gälte sie nur für einen Sonderfall. Es ist hierbei völlig außer acht gelassen, wo denn eigentlich das Kapital herkommen soll, das erst eine Produktionsausdehnung ermöglicht[2]. Es muß doch angenommen werden, daß ein technischer Fortschritt in der Wirtschaft auftritt, ohne daß gleichzeitig eine Änderung der Mengenverhältnisse der Produktionsfaktoren Kapital und Arbeit eintritt. Eine Steigerung der Kapitalbildung kann bei freier Konkurrenz, was noch zu beweisen ist, keineswegs mit einer großen Wahrscheinlichkeit, geschweige denn mit einer Zwangsläufigkeit gefolgert werden.

Es sollen im folgenden stets die veränderten Verhältnisse der gesamten Wirtschaft betrachtet werden. Eine betriebswirtschaftliche Arbeiterfreisetzung ist volkswirtschaftlich irrelevant, wenn dadurch in der Vorproduktion eine Änderung in der Richtung einer Arbeitsintensivierung eintritt, so daß insgesamt der Arbeitsbedarf gleichbleibt. Ebenso kann durch den technischen Fortschritt in einem Betriebe eine Kapitalintensivierung in einem anderen Lieferungs- oder Abnehmerunternehmen eine Kapitalextensivierung eintreten.

Zur Durchführung technischer Neuerungen ist regelmäßig auch für die gleiche Erzeugungsmenge zusätzliches Kapital notwendig. Daß außer Arbeit auch Kapital freigesetzt wird, ist durchaus im Bereich des Möglichen, ist aber an unseren bisherigen technischen Neuerungen gemessen nur ein Sonderfall und erlaubt keine Verallgemeinerung. Eine Beschaffung von Kapital zur Befriedigung des erhöhten Kapitalbedarfs in anderen Zweigen der Wirtschaft, die wohl häufig vorkommen mag, zeigt uns keinen Ausweg in der Frage der Kompensation der Arbeiter-

---

[1] Siehe darüber unten S. 24 ff.
[2] Heinrich Mannstaedt (Die kapitalistische Anwendung der Maschinerie. Jena 1905, S. 42—52) erleichtert sich die Lösung des Problems dadurch, daß er annimmt, vor Einführung des neuen Verfahrens sei schon genügend gespart worden. Damit ist aber eine selbständige Kompensation als Folge der Freisetzung nicht erklärt.

freisetzung, denn das bedeutet ceteris paribus Kapitalzustrom und mehr Beschäftigung hier, Kapitalabfluß und Arbeiterfreisetzung dort. Es muß nach alledem das Preissenkungsargument als allzu optimistisch angesehen werden, nach dem nicht nur die ursprüngliche, sondern sogar eine gesteigerte Produktionsmenge mit dem kapitalintensiveren Verfahren ohne Schwierigkeit in der Kapitalbeschaffungsfrage erzeugt werden kann und somit die Kompensation gesichert ist. An diesem Fall ist gezeigt, welche wichtige Rolle das Kapital im Freisetzungs- und Kompensationsprozeß spielt. Welche Faktoren wirken nun auf die Kapitalbedarfsänderung ein? Daß ein technischer Fortschritt auch ökonomisch ist, besagt nur, daß die Produktionskosten gesunken sind. Haben wir es mit einem arbeitsparenden technischen Fortschritt zu tun, so werden die Arbeitskosten stärker als die übrigen Kosten sinken. Der Kapitalbedarf in einem Unternehmen oder in einem Wirtschaftszweig verändert sich aber nicht proportional zu den Kosten. Bei arbeitsparendem technischen Fortschritt haben wir es vielmehr mit einer Steigerung des Kapitalbedarfes bei einer Senkung der Kosten zu tun.

Um die Frage der Änderung des Kapitalbedarfs durch den technischen Fortschritt zu klären, bedarf es einiger Begriffe. Nennen wir v das zur Lohnzahlung notwendige Kapital, c alles übrige Kapital und N dessen durchschnittliche Nutzungsdauer, so wird der Kapitalbedarf ausgedrückt durch die Formel: $K = N \cdot c + v$.[3]

Das Anlagekapital hat eine Lebensdauer, die länger ist, als der einzelne Produktionsgang. Das Betriebskapital wird schneller umgeschlagen. Der Kapitalbedarf ist abhängig von der Änderung der durchschnittlichen Nutzungsdauer der Kapitale. Bei einer Minderung der Arbeitskosten und einer Steigerung der übrigen Kosten tritt meist eine Steigerung des Kapitalbedarfs ein, da das Lohnkapital zum Betriebskapital gerechnet werden muß. Mit anderen Worten: das Anlagekapital wird langsamer umgeschlagen und erfordert daher eine größere Menge als das schnell umgeschlagene Lohnkapital. Aber auch eine Steigerung der Nutzungsdauer des Anlagekapitals tritt beim technischen Fortschritt sehr häufig auf. Auch hier werden Änderungen sehr wirksam für die Kapitalbedarfsmenge, auch wenn die Kosten gleichbleiben. Sind zum Beispiel für zwei Maschinen die Kosten in einem Jahr je 1000, ist aber die Nutzungsdauer der ersten 15 Jahre, die der zweiten 5 Jahre, so ist im ersten Falle eine Kapitalmenge von 15 000, im zweiten Falle eine solche von 5000 notwendig. Verändert sich das Verhältnis von Anlagekapital zu Betriebskapital, so ändert sich auch die durchschnittliche Nutzungsdauer des Kapitals und damit auch der gesamte Kapitalbedarf.

---

[3] Vgl. Mark Mitnitzky: Kapitalbildung und Arbeitslosigkeit (Archiv f. Sozialw. u. Sozpol. 1931, S. 74).

Ein arbeitsparender technischer Fortschritt ändert das Verhältnis von v zu c, von Lohnkapital zu dem übrigen Kapital und ändert auch meistens N, die durchschnittliche Nutzungsdauer. Bei gleichbleibender Produktionsmenge müssen v und $(c+v)$ stets sinken, die übrigen Kosten c und die durchschnittliche Nutzungsdauer N können sinken, gleichbleiben oder steigen. Je stärker N und c durch die Rationalisierung steigen oder je weniger sie sinken, desto größer ist der Kapitalbedarf. Die entscheidenden Daten, die den Kapitalbedarf bestimmen, sind durch den Wirtschafter als solche hinzunehmen und von seinem Willen unbeeinflußbar, denn diese bestimmt allein die Technik. Um den unterschiedlichen Kapitalbedarf bei verschiedenen Daten zu zeigen, soll folgendes Beispiel angeführt werden:

Waren in einem Jahr vor der Rationalisierung die Lohnkosten 100, alle übrigen auch 100 bei einer durchschnittlichen Nutzungsdauer von 4 Jahren, und sinken durch die Anwendung des neuen technischen Verfahrens die Lohnkosten auf 20, steigen die übrigen auf 120 bei gleicher Nutzungsdauer, so bleibt der Gesamtkapitalbedarf dieser Produktion gerade gleich, nämlich 500. Bewirkt der technische Fortschritt in diesem Falle jedoch eine Steigerung der Nutzungsdauer oder eine geringere Senkung des Anteils der Lohnkosten an den Gesamtkosten, so ist der Gesamtkapitalbedarf ein größerer. Entsprechend kann der technische Fortschritt aber auch eine Minderung des Kapitalbedarfes bringen[4].

Die bisherige technische Entwicklung hat in der Mehrzahl der Fälle ein Ansteigen von N und c gezeigt, das heißt bei einem Absinken des Arbeitsbedarfes durch die technische Neuerung nicht nur ein relatives, sondern auch ein absolutes Steigen des Kapitalbedarfes. Es muß darum eine Finanzierungsmöglichkeit der Produktionsausdehnung, die die rationalisierende Produktionsgruppe selbst mit eigenem, das heißt reproduziertem Kapital durchführen kann, als weder sicher noch wahr-

---

[4] War vorher der Kapitalbedarf

$$K = N \cdot c + v = 4 \cdot 100 + 100 = 500,$$

so ergibt sich durch die technische Neuerung ein

a) Gleichbleiben des Kapitalbedarfs, wenn zum Beispiel:

$$K_1 = 4 \cdot 120 + 20 = 500,$$

b) Steigen des Kapitalbedarfs, wenn zum Beispiel:

$$K_2 = 5 \cdot 120 + 20 = 620,$$

c) Sinken des Kapitalbedarfs, wenn zum Beispiel:

$$K_3 = 4 \cdot 110 + 30 = 470.$$

In allen drei Fällen sanken aber die Kosten von $c + v = 200$ auf 140.

scheinlich angesehen werden, kann jedoch in manchen Fällen, die die Technik bringt, möglich sein. Welcher dieser drei Fälle, gleicher, sinkender oder steigender Kapitalbedarf, jeweils vorliegt, ist, wie noch gezeigt werden soll, von entscheidender Bedeutung für die Frage der Kompensation der freigesetzten Arbeitskräfte. Es ist notwendig, bei der Frage der Einwirkung des technischen Fortschrittes auf den Arbeitsmarkt von den drei möglichen Fällen des Kapitalbedarfes auszugehen. Ohne genaue Prüfung der Voraussetzungen ist eine logische Beweisführung unmöglich.

Bevor daher zur Analyse der Wirksamkeiten des technischen Fortschrittes übergegangen werden soll, ist es notwendig, die Voraussetzungen genau zu fixieren, unter denen die Entwicklung verläuft. Ob der technische Fortschritt kapitalintensivierend oder -extensivierend auf die Unternehmung, den Wirtschaftszweig oder die Volkswirtschaft einwirkt, ist daher so wichtig, daß im folgenden die Untersuchung nach diesen Prämissen geordnet vollzogen werden soll.

IV. Das Maschinenherstellungsargument der Kompensationstheorie

Es ist zu beachten, daß bei jeder Einführung eines arbeitsparenden technischen Fortschritts im Produktionsprozeß Anlagen, Maschinen usw. vorher geschaffen werden müssen, und zwar stets unter Mitwirkung des Produktionsfaktors Arbeit. Man hat nun argumentiert, daß bei der Erzeugung und Instandhaltung der Anlagen und Maschinen eine Kompensationsmöglichkeit bestehe, wenn auch keine völlige, so doch eine teilweise. Dieses oft angeführte Argument[1] ist falsch, und zwar aus zwei Gründen:

1. Zeitlich liegt die Maschinenherstellung vor der Freisetzung. Die freigesetzten Arbeiter können also nicht durch Herstellung der Maschinen wieder beschäftigt werden. Durch die Einstellung dieser Maschinen in den Produktionsprozeß verlieren sie ja erst ihre Arbeit. Ein Hinweis auf die Arbeitskräfte für Instandhaltung dagegen ist völlig abwegig — abgesehen von der quantitativen Nichtigkeit —, da rein logisch diese Arbeiter ja beschäftigt bleiben. Bei unserer Untersuchung kann uns nicht die Freisetzung einzelner Arbeiter beschäftigen, wenn dafür andere eingestellt werden. Es interessiert uns nur die reine Mengenfrage. Eine Freisetzung in unserem Sinne kann nur dann vorliegen, wenn insgesamt in der Volkswirtschaft weniger Arbeiter als vorher beschäftigt sind.

---
[1] So Paul Arndt: Lohngesetz und Lohntarif. Frankfurt a. M. 1926, S. 105.

2. Doch der Haupteinwand gegen das Maschinenherstellungsargument liegt auf anderem Gebiet. Diese Maschinenherstellung, die vor Einstellung in den Produktionsprozeß notwendig ist, braucht selbstverständlich zu ihrer Produktion Arbeitskräfte. Aber nicht nur Arbeitskräfte, auch die anderen Produktionsfaktoren müssen sich zu dieser Kombination zusammenfinden. Woher soll nun das Kapital gekommen sein? Da wir in unserer Untersuchung eine zusätzliche Kapitalbildung ausschalten müssen, das heißt eine solche, die unabhängig vom wirtschaftlichen Prozeß der Folgewirkungen des technischen Fortschritts entstehen konnte, mußte dieses Kapital aus anderen Produktionszweigen herausgeflossen sein. Aber dann ist eine zusätzliche Arbeiterbeschäftigung in der Maschinenindustrie unmöglich. Der Kapitalentzug hat Betriebseinschränkungen und -stillegungen verursacht, wobei Arbeiter beschäftigungslos wurden. Für diese ergibt sich nun, rein quantitativ gesehen, die Möglichkeit der Wiederbeschäftigung in der Maschinenindustrie. Eine grundsätzlich neue Beschäftigungsquelle für die Arbeiter kann auch hier ohne zusätzliche Kapitalbildung nicht gefunden werden[2]. Wir kommen somit zu dem Ergebnis, daß zusätzliche Arbeitsplätze durch die Maschinenherstellung nicht geschaffen werden können.

Es wird zur Vergrößerung der Maschinenproduktion in vielen Fällen, vielleicht sogar in den meisten Fällen, eine vorherige Kapitalbildung notwendig sein, um einen technischen Fortschritt durchzuführen[3]. Im folgenden ist dies durchaus immer beachtet, nur mit der Ausnahme, daß die Komplizierung durch eigentlich notwendige Akkumulation in der Vorproduktion, zum Beispiel Maschinenherstellung, außer acht gelassen wurde. Es wird also immer vereinfacht angenommen, der mögliche Mehrkapitalbedarf träte bei dem Maschinen nachfragenden Produktionszweig auf, nicht aber in der Maschinenproduktion selbst. Das wäre aber nur dann richtig, wenn

1. die Maschinenproduktion Lohnwerk durchführe,
2. die Produktion zeitlos wäre, und
3. die Erweiterung der Vorproduktion keiner Anlagenerweiterung bedürfe.

Diese drei Bedingungen sind natürlich nicht erfüllt. Es besteht Marktproduktion, und diese wird durch den Preis reguliert. Die Anpassung dauert eine längere Zeit. Es tritt zuerst eine Preissteigerung auf, dann

---

[2] Eine mögliche Änderung des Arbeitsbedarfes soll nicht geleugnet werden. Es ist immerhin denkbar, daß durch das Umdisponieren der elementaren Produktionsfaktoren aus der Verbrauchsgütererzeugung in die Kapitalgütererzeugung die Produktion insgesamt arbeitsintensiver wird. Ein allerdings sehr unwahrscheinlicher Fall! Eher ist das Gegenteil, eine zusätzliche Freisetzung von Arbeitern möglich.

[3] Darüber siehe unten S. 33 ff.

werden andere Nachfrager, zum Beispiel die Konsumgüterproduzenten, ausgeschaltet und schließlich wird die Produktion vergrößert. Weiterhin braucht nicht nur die Anpassung, sondern auch die Produktion Zeit. Eine Erweiterung der Vorproduktion bedarf auch einer Erweiterung der Anlagen. Eine partielle Anpassung, das heißt eine Anpassung an die nachgefragte Produktionsmenge ohne Schaffung neuer Anlagen[1] durch bessere Ausnützung der Betriebskapazität kommt für die Unternehmer nicht in Frage, da die Wirtschaft sich auf die dauernde Änderung, die durch den technischen Fortschritt herbeigeführt wurde, einstellen muß. Es wird also eine totale Anpassung an die Marktlage notwendig. Darum wird gerade in der Vorproduktion zur Erstellung neuer Anlagen viel Kapital gebunden. Wohl ist auch vorübergehend eine partielle Anpassung denkbar. Auch mögen unausgenützte Produktionskapazitäten und Lagerbestände die Umstellung erleichtern. Diese Schwierigkeiten, die bei der Umstellung entstehen, sollen durchaus nicht übersehen werden. Doch um die Darstellung einheitlicher zu gestalten, wurde angenommen, daß die erforderlichen Produktionsmittel in dem betroffenen Produktionszweig selbst erzeugt werden. Wir haben damit die unmittelbare Erzeugung mit der Vorproduktion verbunden, was wohl wirklichkeitsfremd ist, aber die folgenden Ausführungen erleichtert. In der Wirklichkeit ist jede Produktion für einen Erzeugungszweig Vorproduktion. Eine solche Eliminierung ist nur gedanklich möglich, und weitere Schlußfolgerungen daraus zu ziehen wäre falsch. Aber wir verbinden Produktion und Vorproduktion nur insoweit, als letztere durch den technischen Fortschritt quantitativ oder qualitativ verändert wird. Das bedeutet für uns nicht Übersehen oder Verkleinern der Schwierigkeiten, sondern nur methodisches Zusammenfassen. Ist der zusätzliche Kapitalbedarf in der Produktion A 10000 und in der Vorproduktion B 5000, so wird unterstellt, der Kapitalbedarf in A sei 15000. Das Bedenken gegen dieses Verfahren, daß in der Vorproduktion zusätzliches Kapital nötig wird, dürfte damit gegenstandslos werden. Die anderen Schwierigkeiten, wie Umstellung und Anpassung, werden tatsächlich eliminiert und sind als Hemmungen und Störungen den Ergebnissen jeweils hinzuzufügen.

V. Die Kompensation bei gleichem Kapitalbedarf

Die drei Möglichkeiten der Kapitalbedarfsmenge bei Einführung des technischen Fortschrittes, gleicher, größerer und geringerer Kapitalbedarf, brauchen nicht in allen Einzelheiten gesondert deduziert werden.

---

[1] Über partielle und totale Anpassung vgl. Erich Schneider, a. a. O.

Um die Problematik der Anwendung einer neuen Technik besser herausstellen zu können, soll zuerst der einfachste Fall, wenn auch praktisch nicht sehr bedeutsame Fall des gleichen Kapitalbedarfs behandelt werden. Dieses deshalb, weil hierbei die Komplizierung durch neu hinzutretende Kapitalbeschaffungsprobleme keine Anwendung findet. Dann erst soll das Moment der Kapitalbeschaffung hinzugenommen werden, mit anderen Worten: es wird dann zum zweiten Fall des erhöhten Kapitalbedarfes übergegangen. Der dritte theoretisch mögliche Fall geringeren Kapitalbedarfs soll seiner praktischen Unwichtigkeit halber und weil er keine neuen theoretischen Probleme stellt, nicht näher behandelt werden.

Nehmen wir an, es herrsche freie Konkurrenz und in einem Produktionszweige werde ein neues arbeitsparendes technisches Verfahren gefunden. Es kann sich auch um eine bessere Ausnutzung eines schon bestehenden technischen Verfahrens handeln. Es mag also vielleicht eine bessere Eignungsprüfung für neu einzustellende Arbeiter, eine neue räumliche Anordnung im Betriebe, die Stillegung unrentabler Betriebsteile oder vielleicht eine dauernde Verringerung der Vorräte sein. Die neue technische Methode erlaubt eine Produktionserweiterung bei gleicher Kapitalmenge, wobei ein Teil der vorher beschäftigten Arbeiter beschäftigungslos wird[1].

Die Kapitalmenge in einem Unternehmen (oder in einem Produktionszweig) b sei zum Beispiel

$$K = N \cdot c + v = 10 \cdot 20 + 100 = 300,$$

wobei das Lohnkapital 100, das übrige 20 und dessen durchschnittliche Nutzungsdauer 10 ist. Die bei der Produktion entstehenden Kosten für die Menge m betragen dann $(c + v) = 120$. Der technische Fortschritt bewirkt eine starke Kostensenkung, so daß die Gesamtkosten einer um 50% erhöhten Menge ($^3/_2\, m$) auf die Hälfte der ursprünglichen Gesamtkosten sinken. Die Lohnkosten werden zu $v_1 = 30$, die übrigen Kosten c_2 steigen auf 30. Die durchschnittliche Nutzungsdauer N sinkt hierbei von 10 auf 9 Produktionsphasen. Der gesamte Kapitalbedarf bleibt dann nach der Umstellung der Produktion und der Vermehrung der erzeugten Menge gleich.

$$K = N_2 \cdot c_2 + v_2 = 9 \cdot 30 + 30 = 300.$$

---

[1] Der Fall, bei dem die Kapitalbedarfsmenge gleichbleibt trotz erweiterter Produktion und dadurch alle Arbeiter wieder beschäftigt werden oder gar mehr beschäftigt werden, soll nicht näher untersucht werden. Dann liegt volkswirtschaftlich gesehen kein arbeitssparender technischer Fortschritt vor, der uns bei der Untersuchung der Problematik technischer Fortschritt und Arbeitslosigkeit allein interessieren kann.

Die Wirkung des technischen Fortschrittes auf die übrige Wirtschaft beschränkt sich somit auf zwei Datenänderungen: 1. die Erzeugungsmenge wurde (um 50%) vermehrt, und 2. wurde die Lohnsumme und damit die Beschäftigung (um 70%) geringer.

a) Kompensation durch Verwendung der Extragewinne

Einige fortschrittliche Unternehmer haben diesen technischen Fortschritt eingeführt, um ihren Gewinn zu steigern. In Abb. 4 sehen wir den Zustand in diesem Produktionszweig vor Einführung des technischen Fortschrittes. Drei verschiedene Unternehmergruppen a, b, c produzieren zu verschiedenen Kosten, die auf der Ordinate verzeichnet

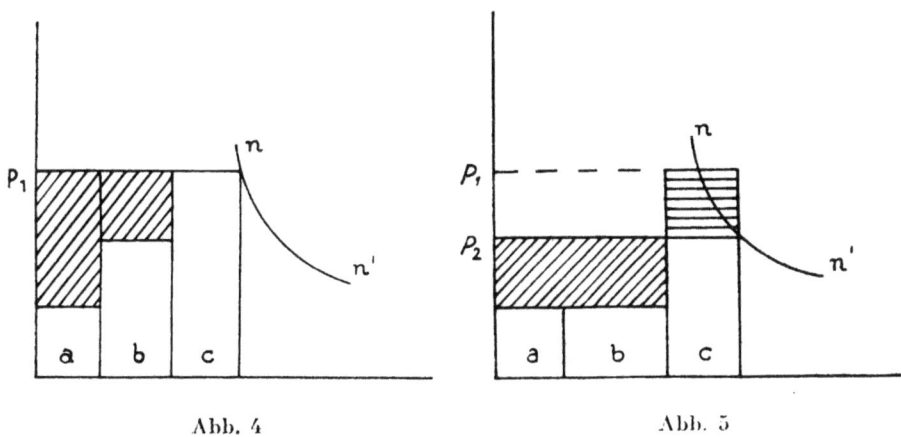

Abb. 4   Abb. 5

sind, und bringen gleiche Mengen auf den Markt, die auf der Abszisse abgetragen sind. Der Preis ist p_1. Die Unternehmer a und b erlangen dadurch Differentialrenten von der Größe der schräg schraffierten Flächen. Nun führe eine Unternehmergruppe (b) den technischen Fortschritt ein, und diese senkt ihre Kosten (Abb. 5), um einen größeren Gewinn zu erlangen. Das nötige Kapital zu dieser veränderten Produktionsweise mit größerer Produktionsmenge steht ja laut Annahme bereit. Diese Produktionsvermehrung bewirkt eine Preissenkung von p_1 auf p_2 und damit einen Verlustverkauf bei den Grenzunternehmern c. Es entsteht also eine negative Rente von der Größe der waagerecht schraffierten Fläche.

Teils zur Vergrößerung ihrer Rente (a), teils zur Verhinderung des Verlustes (c) wird der technische Fortschritt durch die Konkurrenten gleichfalls eingeführt und bewirkt eine weitere Produktionssteigerung und damit eine neuerliche Preissenkung auf p_3. Wir erhalten nun die Produktionsverhältnisse, wie Abb. 6 sie andeutet[2].

Die Unternehmer, die die technische Neuerung zuerst anwandten, haben anfänglich große Gewinne gemacht. Nun könnte man annehmen, daß diese Unternehmergewinne entweder zur Verbesserung der Lebenshaltung der Unternehmer verausgabt oder zur Kapitalbildung verwandt werden und so den durch die technische Neuerung freigesetzten Arbeitern wieder Arbeitsplätze schaffen können.

Daß diese Rechnung nicht glatt aufgehen kann, ersieht man schon aus Abb. 5. Entstehen bei b besondere Rationalisierungsgewinne, so entstehen bei den Grenzunternehmern c Verluste als Folge der Rationalisierung. Es ergeben sich also außer den positiven auch negative Quasirenten. Die positiven, insgesamt in Größe der schräg schraffierten

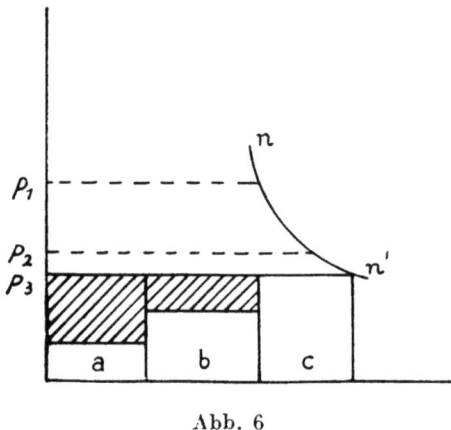

Abb. 6

Fläche, können infolge des neuen technischen Apparates der Unternehmer b sinken; abhängig ist dies von dem Maß der Kostendifferenzen der einzelnen Unternehmungen, mit anderen Worten: abhängig von der Steilheit der Angebotskurve. Abzurechnen sind immer noch die negativen Quasirenten, die bei den Grenzunternehmern entstehen. Ob die positiven und negativen Quasirenten sich gerade ausgleichen werden, ob die Gewinne die Verluste übersteigen oder umgekehrt, ist allgemein nicht zu sagen.

---

[2] Es wäre auch möglich, daß durch die Rationalisierung die Grenzbetriebe nicht nur vorübergehend, sondern dauernd Verluste hätten, so bei sehr geringer Elastizität der Nachfrage. Es würde dann die gesamte nachgefragte Menge durch die Produzenten a und b gedeckt werden, die Grenzproduzenten c müßten dann ihre Erzeugung einstellen. In diesem Falle würde hier außer Arbeit auch Kapital freigesetzt. Wäre die Elastizität der Nachfrage geringer, so müßte noch Kapital aus anderen Produktionszweigen herbeiströmen, um hier die nachgefragte Menge dieses Gutes zu erzeugen. Dies wäre der (unten untersuchte) Fall höheren Kapitalbedarfs.

Die Gewinnsteigerung der Unternehmer wird in den meisten Fällen noch durch die Kapitalgütervernichtung gemindert, die durch die Produktionsumstellung eingetreten ist. Für das alte Verfahren stand ein ganzer Produktionsapparat bereit, der im Zeitpunkt der Einführung des neuen Verfahrens noch gebrauchsfähig war und noch nicht amortisiert ist. Die Kosten aus diesen wirtschaftlich zerstörten Anlagen entstehen aber den Unternehmern noch bis zur völligen Amortisation. Der Unternehmer, der den technischen Fortschritt zuerst eingeführt hat, hätte — so könnte man meinen — die Möglichkeit gehabt, den Zeitpunkt zu wählen, in dem alle alten Anlagen abgeschrieben sind, um dann ohne Verlust wirtschaftlicher Werte das neue Verfahren anzuwenden. Dieses ist aber in zweierlei Hinsicht nicht richtig:

1. Sobald eine neue Erfindung gemacht ist, bleibt dem Unternehmer gar nicht die Wahl des Zeitpunktes der Anwendung. Selbst dem, der die neue Produktionsmethode zuerst einführt, wird dieser Zeitpunkt durch die Konkurrenz diktiert. Will nicht er den Fortschritt zuerst anwenden, so macht es sein Konkurrent und er geht seiner Sondergewinne verlustig.

2. Eine völlige Abnutzung einer bestehenden Anlage ist bei normaler Produktion heute gar nicht möglich. Die Ersetzung des veralteten Produktionsapparates durch einen neuen ist ein kontinuierlicher Prozeß, er verteilt sich auf eine längere Zeit. Die völlige Abnutzung verschiedener Anlagegüter muß zu verschiedenen Zeitpunkten eintreten, weil deren Anschaffungszeit und deren Lebensdauer verschieden ist.

Es ist somit unmöglich, daß der einzelne Unternehmer ohne irgendwelche Kapitalvernichtungen einen neuen technischen Fortschritt anwenden kann. Nur ein Unternehmer, der ein ganz neues Unternehmen eröffnet, braucht mit solchen wirtschaftlichen Zerstörungen von Kapitalgütern nicht zu rechnen. Er verschiebt dann die in der Volkswirtschaft notwendig eintretenden Verluste an Kapitalgütern auf seine Konkurrenten, auf jene Unternehmer, die bisher schon dieses Gut, jedoch nach altem Verfahren, erzeugten[3].

Noch aus anderen Gründen können Kapitalvernichtungen im Gefolge der Rationalisierungsbewegung auftreten und so die Freisetzung hinauszögern. Nehmen wir an, es werde ein neuerfundenes technisches Verfahren in einigen Unternehmungen eingeführt. Dadurch werden deren Kosten gesenkt und die Erzeugungsmenge vergrößert,

---

[3] In diesem Lichte besehen ergibt sich auch ein Erklärungsgrund mit dafür, daß neuindustrialisierte Länder den alten plötzlich so gefährlich überlegen werden. So im letzten Jahrhundert die deutsche Konkurrenz England gegenüber und heute die japanische Konkurrenz dem hochindustriellen Europa gegenüber. Den veralteten Produktionsapparat haben heute die europäischen Unternehmer mit einzukalkulieren, die Japaner aber nicht.

und zwar um so mehr, als der Kapitalbedarf je Produktionseinheit ein geringerer wird.

Abb. 7 möge uns eine Reihe verschiedener Unternehmer oder Unternehmergruppen darstellen, die zu verschiedenen Kosten produzieren. Der Produktpreis ist p_1. Die schräg schraffierte Fläche stellt wieder die Differentialrenten (die Unternehmergewinne) dar.

Die Unternehmer d haben in Abb. 8 ihre Produktion verdoppelt, nachdem der technische Fortschritt eingeführt wurde. Alles Kapital, was sie durch die Umstellung erübrigen, investieren sie in ihrem eigenen Betrieb, da sie beim alten Preis p_1 stets mit Gewinn rechnen können. Sinkt nun auch der Preis als Folge des vergrößerten Angebots auf p_2 — es treten bei e dadurch negative Renten, also Verluste auf —, so

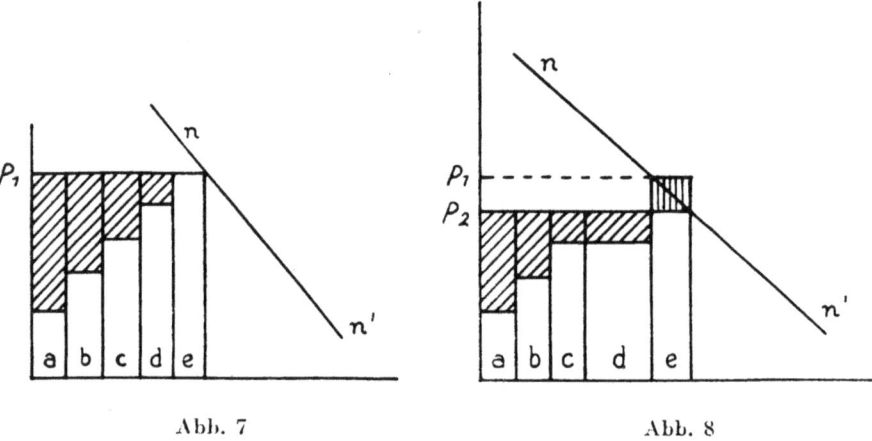

Abb. 7 Abb. 8

steigt für d der Gewinn dennoch. Ob diese Investierung des Kapitals jedoch richtig war, muß sich erst erweisen. Beginnen nun die Konkurrenten gleichfalls, das neue Verfahren einzuführen und ihre Erzeugung auszudehnen, so erhalten wir vielleicht folgendes Bild (Abb. 9).

Der Preis ist wiederum gesunken, und zwar von p_2 auf p_3. Die Unternehmungen e sind völlig ausgeschaltet, und die Unternehmer d erleiden Verluste von der Größe der senkrecht schraffierten Fläche. Schließlich werden die Unternehmer d ihre Produktion einschränken müssen, um wenigstens keine Verluste mehr zu erleiden.

Wir erhalten dann den Gleichgewichtszustand, wie er in Abb. 10 dargestellt ist. Durch die geringe Produktionseinschränkung der Unternehmer d ist der Preis auf p_4 gestiegen. Die Unternehmer d erleiden keine Verluste mehr, erhalten aber auch keine Differentialrente. Ein Teil der Neuinvestitionen muß als verloren betrachtet werden. Wir sehen hierbei also, daß es für *d* vorteilhafter gewesen wäre, die Produktion nicht auszudehnen.

Diese möglichen Fehlrationalisierungen und Fehlinvestitionen der Unternehmer *d* sind durchaus praktisch vorkommend und nicht zu unterschätzen. Sie sind die Folgen einer mangelnden Marktübersicht. Nur wenn der Unternehmer die Möglichkeiten seiner Konkurrenten kennen würde, wären derartige Kapitalzerstörungen ausgeschlossen. Sie treten jedoch nicht nur in unserem theoretischen Fall des gleichen Kapitalbedarfs auf, sondern ebenso bei geringerem oder größerem Kapitalbedarf. Doch ist es wohl nicht berechtigt, den Fehler der Selbstfinanzierung zuzuschreiben (um eine solche hätte es sich in diesem Falle gehandelt). Die größeren Gewinnchancen, die für *d* anfänglich

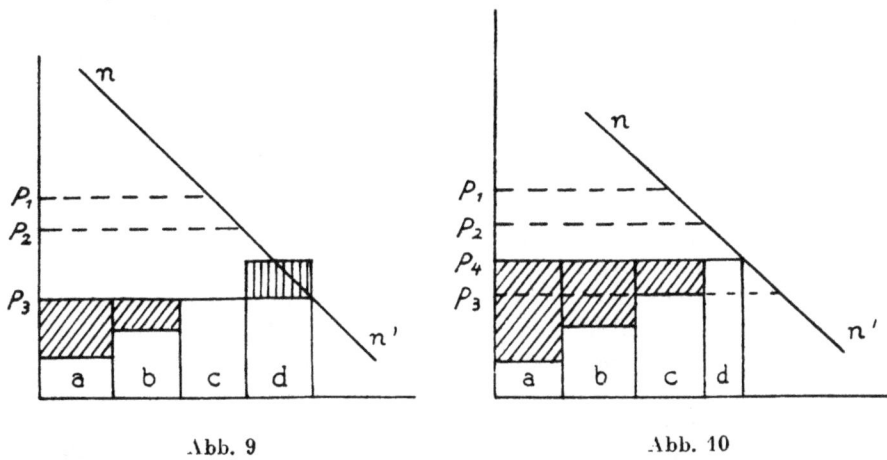

Abb. 9   Abb. 10

tatsächlich bestehen (Abb. 8), können Kapital aus anderen Gliedern der Wirtschaft herbeiziehen, das dann verloren ist. Solche Fehlrationalisierungen vermindern die volkswirtschaftliche Kapitalmenge und so auch die Möglichkeit einer Arbeiterwiedereingliederung.

Aber auch wenn der günstige Fall eintritt, daß die Verluste aus wirtschaftlicher Vernichtung von Kapitalgütern gering sind und insgesamt eine Gewinnsteigerung eintritt, ist eine Kompensation der Freisetzung durch diese Gewinne nicht sicher.

1. Wenn alle Gewinne zu volkswirtschaftlichem Kapital würden -- der für eine schnelle Kompensation der Arbeiterfreisetzung günstigste Fall —, so träte die Nachfrage der Unternehmer an die Stelle der Arbeiter, deren Einkommen durch die Rationalisierung ausgefallen ist. Wesentlich ist, daß sich die Richtung der Nachfrage verändert hat: die freigesetzten Arbeiter müssen auf die Nachfrage nach Konsumgütern verzichten, statt dessen fragen die Unternehmer, die Extra-

gewinne erzielen, oder jene, denen sie Kapitalien geborgt haben, Kapitalgüter nach. Die in der Konsumgütererzeugung nicht mehr benötigten Arbeiter können in der Produktionsgütererzeugung Beschäftigung finden. Die sekundäre Arbeitslosigkeit, die durch den Nachfrageausfall der primär freigesetzten, das heißt durch den technischen Fortschritt freigesetzten Arbeiter ist kompensiert. Die primäre, also die durch die Rationalisierung unmittelbar entstandene Arbeitslosigkeit bleibt bestehen. Da der Arbeiterbedarf in der Konsumgüterproduktion und in der Produktionsmittelerzeugung sich nicht decken brauchen, kann bei größerer Arbeitsintensität[4] letzterer (ein sehr unwahrscheinlicher Fall) eine teilweise Kompensation der primären Arbeitslosigkeit eintreten. Sind aber die Produktionsmittel hergestellt, so bedürfen diese zu ihrer Wirksamkeit der Arbeiter. Erst jetzt kann die Kompensation der primären Arbeitslosigkeit beginnen. Da die Gewinne nicht sehr groß sein werden — bei Berücksichtigung der negativen Renten —, kann nur ein Teil der Arbeiter wieder Beschäftigung finden. Wenn nun die Ausbreitung der technischen Neuerung lange Zeit in Anspruch nimmt — gedacht werden muß hierbei der monopolistischen Einwirkung durch Patente —, so fließen die Extragewinne der Unternehmer aus der Rationalisierung längere Zeit. Tritt dauernd eine kapitalistische Verwendung ein, so wird ein weit größerer Teil der ursprünglich freigesetzten Arbeiterschaft wieder beschäftigt werden können. Das Ergebnis wird in diesem Falle auf die Dauer also nicht nur Kompensation, sondern sogar Überkompensation der ursprünglichen Freisetzung sein.

2. Wenn nun aber die Unternehmer ihren Extragewinn aus der Rationalisierung konsumieren, und zwar in gleicher Weise, wie es die freigesetzten Arbeiter getan hätten, so kann es eine sekundäre Arbeitslosigkeit, das heißt eine Arbeitslosigkeit als Folge des Ausfalls der Nachfrage der Arbeiter, nicht geben. Andere Produktionszweige werden gar nicht betroffen. Für die Arbeiter, die in dem rationalisierten Produktionszweig freigesetzt wurden, gibt es keinerlei Kompensation durch Verwendung der Gewinne[5]. Bei Nachfrage von Waren und Leistungen, zu deren Bereitstellung größere Mengen von Arbeit nötig waren, als es für die Erzeugung der Verbrauchsgüter für die jetzt freigesetzten Arbeiter war, kann eine teilweise Kompensation der primären Arbeitslosigkeit eintreten.

---

[4] Unter Arbeitsintensität wird hier, wie im folgenden, stets das Verhältnis von Lohnsumme zu Gesamtkapitalbedarf verstanden. Die Umkehrung dieser Proportion ergibt die Kapitalintensität.

[5] So auch Emil Lederer: Technischer Fortschritt und Arbeitslosigkeit. Tübingen 1931, S. 54: „... wenn die Unternehmer dieselben Produkte nachfragen würden, wie die freigesetzten ... Arbeiter, so wäre der Tauschkreis geschlossen und irgendeine neue Nachfrage könnte nicht entstehen".

Der andere Grenzfall, wobei sowohl die sekundäre als auch die primäre Arbeitslosigkeit kompensiert wird, liegt in dem von Ricardo[6] angeführten Fall vor, bei dem die Unternehmer Dienstleistungen nachfragen, zu deren Bereitstellung kein Kapital nötig ist. Folgendes Schema möge diese zwei Grenzfälle veranschaulichen:

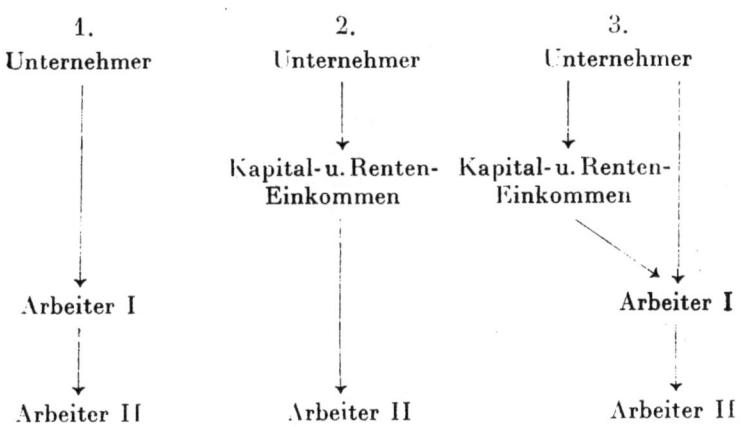

Im Falle 1 haben wir die Lage vor der Rationalisierung. Der Einkommensstrom geht vom Unternehmer zu den Arbeitern I und von dort zur Konsumgütererzeugung, damit zu den dort beschäftigten Arbeitern II. (Die übrigen von der Rationalisierung nicht betroffenen Einkommenströme sind fortgelassen.) Bei Fall 2 fällt durch die Rationalisierung das Einkommen der Arbeiter I aus; an deren Stelle tritt das Einkommen der Kapitalisten, das der Rentner und das der Unternehmer (Extragewinne der Unternehmer aus dem technischen Fortschritt). Die Arbeiter II bleiben in Beschäftigung, da sie die Konsumgüter der Unternehmer, früher die der Arbeiter I, herstellen. Die Arbeiter I bleiben jedoch freigesetzt. Eine Kompensationsmöglichkeit aus der Einkommenverschiebung besteht so lange nicht, als die Arbeitsintensität bei der Herstellung die gleiche bleibt. Ist sie größer, so kann eine teilweise Kompensation dennoch eintreten. Ein Teil der Arbeiter I tritt dann neben den Arbeitern II in Beschäftigung zur Erzeugung von Konsumgütern für die Unternehmer. Umgekehrt kann bei geringerer Arbeitsintensität eine zusätzliche Freisetzung von Arbeitern II entstehen.

Im Fall 3 ist das Beispiel Ricardos gegeben. Die neuen Einkommen der Kapitalisten, Rentner und der Unternehmer fragen die Dienst-

---

[6] David Ricardo: Grundsätze der Volkswirtschaft und Besteuerung (übers. v. Waenting). 2. Auflage, Jena 1921, S. 404 f.

leistungen der in der Produktion freigesetzten Arbeiter I nach. Diese werden die Größe und die Richtung ihres Konsums nicht verändern. Diese früher in der Produktion beschäftigten Arbeiter I werden zu Dienstleistungen bei den Kapitalbesitzern, den Rentnern und den Unternehmern herangezogen. Der Konsum dieser Arbeiter beläßt den Arbeitern II ihre Beschäftigung. Hier tritt also weder eine primäre noch eine sekundäre Arbeitslosigkeit auf. Es ist dies der Fall, indem die Arbeitsintensität der nachgefragten „Konsumgüter" unendlich groß ist.

Wie zwischen diesen beiden Extremen 2 und 3 sich in der Wirklichkeit die Kompensation in unserem Falle des Konsums der neuen Einkommen einstellt, ist allgemeingültig nicht zu sagen. Abhängig ist dies von den Konsumwünschen der Unternehmer, das heißt von dem Maß der Arbeitsintensität in der Produktion der von den Unternehmern nachgefragten Güter.

Nach Verlauf einiger Zeit, deren Dauer weitgehend von der Wirtschaftsverfassung, von der Anpassungsfähigkeit und -willigkeit der Unternehmer abhängig ist, werden die Extragewinne herauskonkurriert sein, da der technische Fortschritt durch die anderen Produzenten gleichfalls eingeführt wird. Die Erzeugungsmenge wird vergrößert, drückt den Preis und läßt die Rationalisierungsgewinne verschwinden. Damit entfällt auch die Kompensationsmöglichkeit aus diesen Unternehmergewinnen. Unzweifelhaft bleibt (unseren Annahmen gemäß) ein Teil der ehemals in diesem Produktionszweig beschäftigten Arbeiter dann freigesetzt, da auch die Produktionserweiterung nicht alle freigesetzten Arbeiter wieder aufzunehmen vermochte.

b) Kompensation durch Preissenkung

Durch eine Preissenkung als Folge eines technischen Fortschritts — so wird argumentiert — ersparen die Konsumenten Teile ihrer kaufkräftigen Nachfrage. Es entständen gleichsam Nachfrageüberschüsse oder Kaufkraftüberschüsse, die als Nachfrage auf anderen Konsumgütermärkten oder durch das hierdurch möglich werdende Sparen auf den Produktionsmittelmärkten produktionssteigernd wirken und so sofort einen Teil und auf die Dauer die gesamte Menge der freigesetzten Arbeiter wieder zu beschäftigen vermögen.

Hier übersieht man bei der Betrachtung der Vorgänge bei dem einzelnen Konsumenten die Gesamtvorgänge im Wirtschaftsprozeß. Nicht das ist entscheidend, daß ein einzelner Konsument durch Preisverbilligung beim Konsum einer Ware Einkommensteile einspart, sondern was die Gesamtheit der Konsumenten an Kaufkraftüberschüssen hat. Ein einzelner Konsument kann tatsächlich Kaufmittel einsparen, die er an anderer Stelle der Wirtschaft als Nachfrage wieder auftreten läßt. Doch entscheidend ist, was die gesamten Konsumenten für die Gesamtproduktion dieser Ware ausgeben. Das kann mehr oder weniger sein als vorher und hängt ab von der Elastizität der Nachfrage ($\eta \lessgtr 1$). Doch was hier von den Konsumenten insgesamt bezahlt wird, muß voll und ganz Einkommen der Produzenten werden. Die Gesamtausgaben der Konsumenten müssen notwendigerweise gleich sein dem Gesamteinkommen der Produzenten. An folgender graphischer Darstellung möge dies erläutert werden:

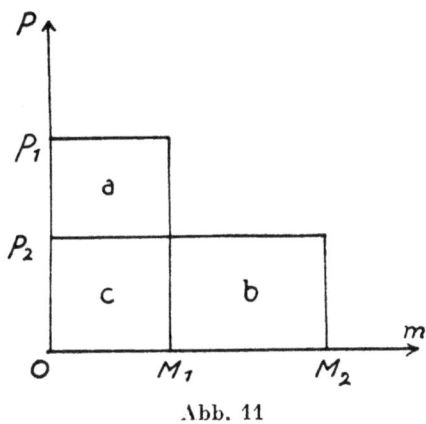

Abb. 11

Die ursprüngliche Produktionsmenge war OM_1, der Preis pro Einheit p_1. Die Ausgaben der Konsumenten (= Einnahmen der Produzenten) waren $a+c$. Nach dem technischen Fortschritt und der dadurch ausgelösten Preissenkung vergrößert sich die Produktion um M_1M_2 auf OM_2, wobei der Preis auf p_2 sinkt. Jetzt, so nimmt man gemeinhin an, ersparen die Konsumenten OM_1[7] eine Einkommensmenge von a, die sie früher mit aufwenden mußten, um die gleiche Menge dieses Gutes zu erwerben. Mit dieser Kaufkraft, die gleichsam freigesetzt wurde, könnten andere Bedürfnisse befriedigt werden, die so den freigesetzten Arbeitern irgendwie Arbeit geben müßten. Dem ist nun entgegenzuhalten: richtig ist wohl, daß die Konsumenten OM_1 an Ausgaben a ersparen. Dafür treten aber neue Konsumenten M_1M_2 auf, die um b mehr Kaufkraft für diese Ware aufwenden. Eine Nachfrage von a tritt neu auf anderen Märkten auf. Eine Nachfrage von b fällt dafür dort aus. Das Einkommen aber der an der Produktion des rationalisierten Gutes Beteiligten änderte sich von $(a+c)$ zu $(b+c)$.

---

[7] Unter Konsumenten ist in diesem Falle nicht eine bestimmte Gruppe Menschen zu verstehen, sondern Nachfragemengen-Partikel. Die Nachfrage eines Konsumenten tritt in vielen solchen Partikeln an verschiedenen Stellen der Mengenachse auf.

Stellen wir diese Vorgänge in einem Schema zusammen:

	Gewinn	Verlust
Konsumenten	a	b
Produzenten	b	a

Die Konsumenten OM_1 verausgabten früher für dieses Gut $(a+c)$ ihres Einkommens jetzt nur c, sie ersparen also a. Die Konsumenten $M_1 M_2$ werden jetzt neu einen Teil ihres Einkommens von der Größe b für dieses Gut aufwenden. Die Produzenten dieses Gutes (Arbeiter, Unternehmer, Rentner) erhalten jetzt ein Einkommen $(b+c)$ statt früher $(a+c)$. Sie verlieren an Einkommen a, gewinnen aber an Einkommen b. Zählt man Gewinn und Verlust bei Konsumenten und Produzenten zusammen, so zeigt sich ein glatter Ausgleich. Es bleibt also keine überschüssige Kaufkraft, die irgendwo anders nachfragend auftreten könnte. Aus dieser Vorstellung allein heraus ist es nicht möglich, die Wiederbeschäftigung der Arbeiter abzuleiten. Eine solche Kompensation ist nur dann möglich, wenn trotz des Rückgangs des Lohnanteils je Produkteinheit die Gesamtlohnsumme infolge der vergrößerten Produktionsmenge gleichbleibt. Die Bedingung für diesen Fall ist eine große Nachfrageelastizität für das verbilligte Gut und eine große Kostensenkung, solange der Kapitalbedarf unverändert bleibt. Dies ist aber nur bei umwälzenden Erfindungen der Fall, bei denen die Kosten unverhältnismäßig sinken. Daß „auf solche Art sozusagen der bei der einen Tür entlassene Arbeiter bei der anderen Tür wieder aufgenommen" wird[8], ist also nur ein besonders glücklich gelagerter Sonderfall[9].

Versagt auch dieses Kompensationsargument, so bleiben doch zwei andere Möglichkeiten bestehen:

1. Nachfrageverschiebung und Einkommensverschiebung (beide zugunsten der Kapitalbildung oder eines Konsums kapitalintensiverer Güter) und
2. erhöhter Verbrauch von verbilligten Produktionsmitteln. Dieser bedeutet Kostensenkung und damit Produktionsausdehnung.

1. Betrachten wir daher die Nachfrageverschiebung ein wenig auf ihre qualitative Seite hin. Die Konsumenten OM_1 der Abb. 11 er-

---

[8] Alexander Mahr: Hauptprobleme der Arbeitslosigkeit. Leipzig und Wien 1931, S. 33.

[9] Zu einer anderen Einschätzung des Preissenkungsarguments gelangen unter anderen auch Heinrich Dietzel: Das Produzenteninteresse der Arbeiter und die Handelsfreiheit. Jena 1903, S. 113. Karl Diehl: Theoretische Nationalökonomie II, Jena 1924, S. 304. Paul Arndt: a. a. O., S. 105.

sparen eine Kaufkraftmenge von a, mit der sie jetzt weniger dringliche Bedürfnisse befriedigen können. Im allgemeinen sind nun die Güter weniger dringlichen Bedarfs solche, zu deren Erzeugung verhältnismäßig viel Arbeit notwendig war, zum Beispiel Luxusgegenstände. Es besteht somit eine gewisse Wahrscheinlichkeit (keine Sicherheit, entscheidend ist der spezielle Fall), daß die Nachfrageverschiebung zugunsten einer arbeitsintensiveren Produktion[10] stattfindet, also allein durch den Nachfragewechsel, der die Quanten nicht verschiebt, sehr wohl eine qualitative Nachfrageänderung zugunsten einer teilweisen Wiederbeschäftigung der entlassenen Arbeiter führen kann. Ebenso ist es aber auch möglich, daß die Nachfrageverschiebung zur Kapitalbildung führt.

Auch die Einkommensverschiebung der Produzenten ist noch näher zu charakterisieren. Es handelt sich auch hierbei um eine Ersetzung von Arbeitseinkommen durch Kapital- und Renteneinkommen (Boden- und Unternehmerrenten). Diese Einkommensverschiebung bedeutet wahrscheinlich gleichfalls eine Begünstigung der arbeitsintensiven Produktionsweise. Auch hierbei ist anzunehmen, daß, werden diese Einkommen tatsächlich konsumiert, die Nachfrage sich auch Gütern zuwendet, deren Produktion arbeitsintensiver war als die Güter des ausgefallenen Arbeiterkonsums. Vielleicht tritt aber auch das Gegenteil ein, wenn die Kosten stark bodenintensiv sind (teure Rohstoffe)[11] oder daß gar stark kapitalintensive Güter bevorzugt werden, zum Beispiel Autos.

Tritt tatsächlich keine Vergrößerung des Konsums ein bei denen, die durch die Preissenkung Einkommensteile ersparen (in Abb. 11 die Verbraucher a), und bei den neuen Kapitaleinkommen- und Rentenbeziehern, sondern werden diese Einkommensteile erspart, so bedeutet dieses Sparen Kapitalbildung, das heißt die Schaffung des komplementären Produktionsfaktors für die freigesetzten Arbeiter.

Diese Kapitalbildung führt nun aber nach Ansicht einiger Theoretiker[12] zu erheblichen Störungen, die wiederum Arbeitslosigkeit im Ge-

---

[10] Es handelt sich hier nicht um die unmittelbare Erzeugung der Verbrauchsgüter allein, sondern ebenso um die Veränderung der Arbeitsintensität durch Veränderung der Vorproduktion. Es sind bei solchen Änderungen der Arbeitsintensität alle Veränderungen in jeder Produktionsstufe zu beachten.

[11] Vgl. L. Heyde: Rationalisierung und Arbeiterschaft (in: Strukturwandlungen der deutschen Volkswirtschaft, Bd. 1, Berlin 1928, S. 286 f.).

[12] Vor allem Birck: Tecshnischer Fortschritt und Überproduktion. Jena 1927. Ebenso auch Heyde (a. a. O.), der glaubt, es gäbe eine Grenze, über die die Kapitalbildung nicht getrieben werden dürfe, um nicht krisenhafte Überproduktionsstörungen herbeizuführen. Ähnlich Karl Marx, Rosa Luxemburg in: Die Akkumulation des Kapitals, Berlin 1913, und Fritz Sternberg: Der Imperialismus, Berlin 1926.

Folge haben müßten. Vor allem Birck und Heyde sind der Meinung, daß eine solche Kapitalbildung zur Überproduktion von Produktionsmitteln bzw. zu einer Unterkonsumtion führen muß.

Bircks Gedankengang ist etwa folgender: Das Sparen der Unternehmer ist gleichbedeutend mit einer Erweiterung der Produktionsmittelerzeugung und einer Einschränkung der Erzeugung von Konsumgütern. Da aber die neugeschaffenen Produktionsmittel einmal in den Reifezustand treten, das heißt einer vermehrten Produktionsgütererzeugung schließlich eine vermehrte Konsumgütererzeugung folgen wird, muß das Warenangebot steigen. Da aber die dem Konsum gewidmeten Einkommensteile nicht gestiegen, vielmehr verringert sind, müssen die unmittelbaren Verbrauchsgüter unabsetzbar bleiben. Die Folgen müssen starke wirtschaftliche Erschütterungen und Arbeitslosigkeit sein.

Wohl verkennt Birck nicht, daß einer Produktion stets ein entsprechendes Einkommen gegenübertreten muß, doch wird jener Fall als bedenklich angesehen, in dem die Sparkapitalbildung lange Zeit hindurch fortgesetzt werde, so daß nach Fertigstellung der zusätzlich produzierten Produktionsmittel die Nachfrage nach solchen unvermindert fortbesteht, anstatt sich in eine Nachfrage nach Konsumgütern zu verwandeln, eben um die jetzt auf den Markt kommenden Konsumgüter abzunehmen. Da das bei fortgesetztem oder gesteigertem Sparen nicht eintritt, müßte die Folge eine aktuelle Überproduktion bzw. eine Unterkonsumtion sein.

Die Folgen der Kapitalisierung der Gewinne sind aber diese: Werden fortdauernd Einkommensteile (der von der Preissenkung begünstigten Verbraucher oder der Rentner) dem Konsum entzogen und der Kapitalbildung zugeführt, also produktiv verwandt, so ergibt sich eine Füllung des Kapitalmarktes, deren Ausdruck die Zinssenkung ist. Hierdurch können Produktionserweiterungen in Angriff genommen werden. Die Produktionsgütererzeugung wird anwachsen auf Kosten der infolge verringerter konsumtiver Nachfrage eingeschränkten Verbrauchsgütererzeugung und einen Teil der durch die Rationalisierung freigesetzten Arbeiter wiederbeschäftigen. Nach Fertigstellung der neuen Produktionsmittel und deren Indienststellung zur Erzeugung von unmittelbaren Verbrauchsgütern haben wir folgenden Zustand:

Es werden jetzt laufend mehr Konsumgüter auf den Markt kommen, für deren Erzeugung Einkommen entstanden sind, Zinseinkommen für die Sparer (in diesem Fall für die sparenden Verbraucher oder für die Rentenbezieher), Arbeitseinkommen der in dieser Produktion Beschäftigten und schließlich noch andere Einkommen, die nicht unmittelbar in dieser Erzeugung, sondern in den vorgelagerten Produktionen entstehen (Rohstofferzeugung, Handel, Halbfabrikatherstellung).

Alle diese Einkommen müssen, rein quantitativ gesehen, ausreichen, die Produktion zu übernehmen. Der Zeitpunkt, in dem die Einkommen entstehen, braucht allerdings nicht mit dem zusammenfallen, in dem die Güter auf den Markt kommen. Ebenso ist es möglich, daß die Güter, die zusätzlich mit den neugeschaffenen Produktionsmitteln erzeugt sind, keinen Absatz finden. Diese Mehrproduktion braucht nicht den Bedürfnissen der Konsumenten entsprechen. Eine Fehlkalkulation kann selbstverständlich immer auftreten und so zu einer Kapitalvernichtung führen. Die Ansicht aber, daß die Mehrproduktion überhaupt keinen Absatz finden könne, ist unhaltbar. Dem zusätzlich Produzierten steht ein zusätzliches Einkommen gegenüber, das quantitativ geeignet ist, die Mehrproduktion kostendeckend zu übernehmen, ob auch qualitativ, ist eine Angelegenheit der Weitsicht des disponierenden Unternehmers. Unabsetzbare Konsumgüter kann es bei richtiger Kalkulation ceteris paribus nicht geben. Die Sparsummen der Unternehmer der rationalisierten Erzeugung brauchen nicht dem Konsum wieder zugeführt zu werden, wie Birck behauptet[13], um die Mehrproduktion konsumtiv aufzunehmen.

Fallen nun bei den Unternehmern der Rationalisierungsproduktion weiterhin Extragewinne an und werden auch diese dem Kapitalmarkt zugeleitet, so ist die Wirkung die gleiche wie eben beschrieben. Es werden weiterhin neue Produktionsstätten erstellt und darin später Konsumgüter geschaffen, gleichzeitig aber auch neue Einkommen. Diese Geldeinkommen der zusätzlichen Produktionsmittelerzeugung konsumieren jene Konsumgüter, die für die Einkommen der durch die Kapitalbildung verringerten Konsumgüterproduktion bereitstanden. Die Geldeinkommen der neuen Konsumgüterproduktion fragen die selbsterzeugten Konsumgüter nach, bei deren Produktion ihre Einkommen entstanden sind[14]. Wird nun weiter gespart, so werden weiterhin Produktionsmittel erzeugt. Die hierbei entstehenden Einkommen fragen wieder Konsumgüter nach, die für die ehemals in der Konsumgüterproduktion Beschäftigten bereitstanden.

Für den Arbeitsmarkt bedeutet die zusätzliche Erzeugung von Konsumgütern eine Entlastung. Die Arbeitslosigkeit vermindert sich. Erst jene Arbeiter aber sind als zusätzlich beschäftigt anzusehen, die im neuerstellten Produktionsapparat gütererzeugend beschäftigt werden, nicht schon jene, die den neuen Produktionsapparat erst schufen. Diese traten nur an die Stelle der in der verringerten Konsumgüterproduktion Entlassenen. Bei Verwendung der neuen Einkommen zur Kapitalbildung muß also nach Ablauf der Zeit, die zur Herstellung der Produktions-

---

[13] Birck: a. a. O. S. 13.
[14] Diese Betrachtungen sollen nur rein schematisch die quantitativen Verhältnisse andeuten.

mittel notwendig ist, eine Kompensation der anfänglichen Freisetzung eintreten.

Wir haben somit zwei Möglichkeiten einer teilweisen Wiedereingliederung der Arbeiter in den Produktionsprozeß gefunden: a) die Nachfrageverschiebung und b) die Einkommensverschiebung, jeweils zugunsten einer arbeitsintensiveren Produktion oder einer Kapitalbildung.

Diese beiden Möglichkeiten mögen natürlich häufig im konkreten Fall nicht ausreichen, die völlige Kompensation der Arbeiterfreisetzung schon in einem kurzen Zeitraum zu garantieren. Es handelt sich sowohl bei der Nachfrage- als auch bei der Einkommensverschiebung nur um Wahrscheinlichkeiten der veränderten Konsumrichtung. Es kann ebenso der Fall sein, daß die Nachfrage sich auf sehr kapitalintensive Erzeugnisse verlegt, so zum Beispiel auf Autos.

Das gleiche gilt auch für die Kapitalbildung, doch besteht hier vielleicht eine höhere Wahrscheinlichkeit. Diejenigen, die vor allem bei der Preissenkung Einkommensteile ersparen, und auch die Bezieher von Renten- und Kapitaleinkommen, die ja eine Einkommensteigerung bei technischen Fortschritten zu erwarten haben, sind fast stets gleichzeitig auch Bezieher höherer Einkommen. Bei diesen ist aber erfahrungsgemäß und aus Gründen des geringeren Grenznutzens gegenwärtiger Güter der vergleichsweise Nutzen zukünftiger Güter größer, so daß gespart wird.

2. Betrachten wir nun die Folgen der Preissenkung etwas näher. Oben wurde negativ festgestellt, daß Preissenkungen nicht die Folge haben können, Kaufkraftüberschüsse zu schaffen. Positiv sollen jedoch auch nicht die Wirkungen der Preissenkung für die Kompensation der Arbeiterfreisetzung verkannt werden. Der technische Fortschritt hat eine Kaufkraftsteigerung, also eine Verbesserung der Versorgung der Wirtschaft bewirkt. Von dem von der Rationalisierung betroffenen Produkt wird mehr erzeugt und mehr verbraucht. Handelt es sich um ein reines Konsumgut, zum Beispiel Zigaretten, so heißt das, die Konsumenten erhalten mehr Zigaretten als vorher für den gleichen Teil ihres Einkommens. Weitere Folgen sind nicht zu erwarten[15]. Ist das verbilligte Produkt dagegen zum Beispiel Eisen, so bedeutet eine Vermehrung der Produktion und des Absatzes nicht einfach Verbesserung der Konsumlage der Bevölkerung, sondern die Verbilligung des Eisens bedeutet ein Herabdrücken der Kosten in anderen Produktionen. Der Mehrabsatz von Eisen ist gleichwirkend mit einer Produktionsausdehnung in anderen Unternehmungen.

---

[15] Es wäre jedoch zu erwähnen, daß die unten (S. 56 ff.) behandelte Lohnsenkung leichter möglich wird, weil sich durch Senkung der Konsumgüterpreise der Reallohn gehoben hat.

Vorher treten allerdings auch hier noch Gewinne auf, genau wie bei der Produktionsgruppe, in der die technische Neuerung eingeführt wurde. Erst wenn diese herauskonkurriert sind, kann die Produktionsausdehnung erfolgen. Währenddessen ergibt sich eine Kompensationschance aus den anfallenden Gewinnen.

Es stelle Abb. 12 die Produktionsbedingungen der eisenverarbeitenden Industrie dar. $a_1 a_1'$ sei die Angebotskurve nach der durch die Preissenkung des Vorproduktes verursachten Kostensenkung. Es ist leicht ersichtlich, daß eine Senkung der Eisenkosten bei freier Konkurrenz eine Produktionsausdehnung von OM_1 auf OM_2 bewirkt. Als Folge dieser Produktionsausdehnung tritt auch eine größere Be-

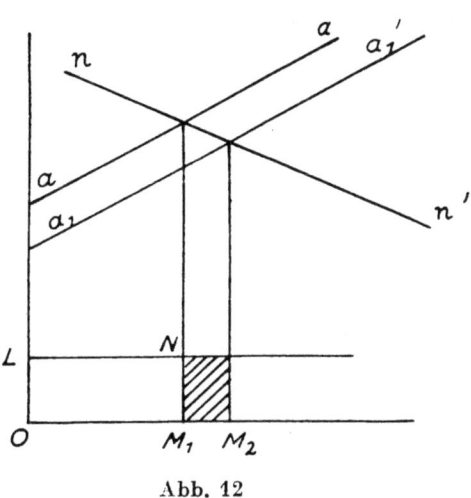

Abb. 12

schäftigung von Arbeitskräften ein. Ist der Lohnanteil je produzierte Menge OL, so war die Lohnsumme vor Verbilligung des Vorprodukts $\square\, OM_1 NL$. Die Lohnsumme der durch die Produktionsausdehnung zusätzlich beschäftigten Arbeiter ist durch die schraffierte Fläche dargestellt. Die Kostensenkung in der eisenverarbeitenden Industrie wirkt weiter auf andere Produktionsstufen, um auch hier durch sinkende Kosten Produktionsausdehnung mit erweiterten Arbeiterbeschäftigungen zu bringen.

Bei diesen Kostensenkungen und Preissenkungen, die sich bis zum konsumreifen Gut ausdehnen, ist die Kapitalfrage zu beachten. Die oben skizzierte Produktionsausdehnung in der eisenverarbeitenden Industrie ist nur möglich, wenn keine größere Kapitalmenge dazu nötig ist oder, wenn diese doch notwendig ist, hat die Kapitalbeschaffung noch andere Folgen für den Arbeitsmarkt. Diese Beschaffung kann nur mit Arbeiterfreisetzung an anderer Stelle der Wirtschaft erfolgen[16]. Eine völlige Selbstaufbringung des Kapitalbedarfs dürfte jedoch nur in den seltensten Fällen möglich sein. Abhängig ist dies

1. vom Ausmaß der Kostensenkung, die durch die Preissenkung des Vorprodukts verursacht wurde und dessen Anteil an den Gesamtkosten,
2. von der durchschnittlichen Nutzungsdauer des Vorprodukts als Kapitalgut in dieser Produktion und
3. von der Elastizität der Nachfrage, das heißt von der Größe der Produktionsausdehnung.

Es läßt sich wohl sagen, daß, je größer das Ausmaß der Verbilligung des Vorprodukts und dessen Anteil an den Produktionskosten ist und je geringer die Nutzungsdauer des Vorprodukts als Kapitalgut und die Elastizität der Nachfrage ist, desto eher ist eine Selbstaufbringung des notwendigen Kapitals möglich.

Zu weitgehende Erwartungen auf Wiederbeschäftigung dürften also auch hier nicht am Platze sein. Bei einer Produktionsweise mit Anlagen von langer Lebensdauer sind kaum Wiedereinsetzungsmöglichkeiten ohne selbständige Kapitalbildung gegeben. Je weiter die Wirtschaft fortschreitet auf dem Wege zu immer kapitalintensiverer Produktion, desto geringer werden die Möglichkeiten einer glatten Wiederaufsaugung der freigesetzten Arbeiter. „Je höher eine Wirtschaft das allgemeine Niveau der Kapitalintensität entwickelt hat, um so langsamer wird die dauernde Resorbierung einer strukturell bedingten Arbeitslosigkeit vor sich gehen, weil die je Kopf der verwendeten Arbeiter aufzubringende Kapitalmenge größer geworden ist[17]."

Aber eine Preissenkung tritt nie völlig entsprechend der Kostensenkung und nie sofort ein. Wir haben es mit einer „Zähigkeit der Preise"[18] zu tun. Es werden nicht nur bei den Produzenten der von der Rationalisierung betroffenen Ware Extragewinne gemacht, sondern auch in allen Zwischenstufen der Verteilung. Es ergibt sich eine Steigerung der Unternehmerrenten. Nach dem bisher Gesagten werden diese Beträge um so eher Wiederbeschäftigung schaffen, da die Gewinne zumeist die Quellen der Kapitalbildung sind und so Arbeitsmöglichkeiten geboten werden können. Wäre die Preissenkung ohne Hemmungen vor sich gegangen, so wären diese Sondergewinne in der Verteilung nicht entstanden und die Wahrscheinlichkeit einer Kompensa-

---

[16] Siehe unten S. 37.
[17] Otto von Zwiedeneck-Südenhorst: Beiträge zur Erklärung der strukturellen Arbeitslosigkeit (Vierteljahrshefte zur Konjunkturforschung). Berlin 1927, S. 45.
[18] a. a. O. S. 77.

tion der Arbeiterfreisetzung wäre geringer gewesen. Ein Teil dieser so gemachten Gewinne wird wahrscheinlich akkumuliert und schafft so Arbeitsplätze. Da aber die Gewinner hierbei nicht die großen Unternehmer der Produktion sind, sondern die kleinen des Handels, so vor allem auch die des Einzelhandels, sinkt damit der Investitionsanteil des Gewinnes. Die Einzelhändler werden ihren Konsum relativ stärker ausdehnen, als es die großen Einkommensbezieher getan hätten. Es entsteht so eine neue, wenn auch nur eine kleine Möglichkeit der Kompensation.

VI. Die Kompensation bei größerem Kapitalbedarf

Nachdem, um die grundsätzlichen Probleme herauszustellen, der praktisch wohl seltenere Fall gleichen Kapitalbedarfs zur Erzeugung einer Produktionsmenge, die dem Marshallschen Punkt entspricht,

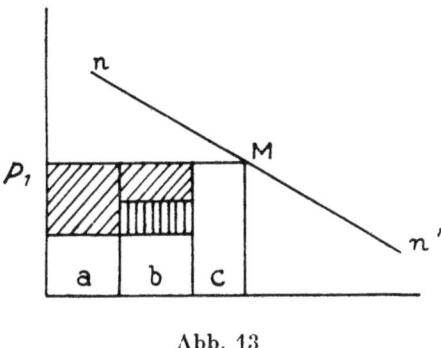

Abb. 13

näher ausgeführt wurde und nachdem der Fall geringeren Kapitalbedarfs seiner praktischen Unwichtigkeit und theoretischen Unergiebigkeit halber nicht näher behandelt wurde, kommen wir zum Normalfall des erhöhten Kapitalbedarfs.

Wir nehmen an, eine neue Erfindung, die für einen bestimmten Produktionszweig von umwälzender Bedeutung ist, werde gemacht (Abb. 13). Einzelne Unternehmer (b) versuchen, diese Neuerung einzuführen. Da aber der Kapitalbedarf ein sehr großer ist, können sie ihre günstige Lage nicht dadurch ausnutzen, indem sie die Produktion erweitern, das beibehaltene Sparen reicht nur zur Erzeugung einer gleichen Menge aus. Sie werden also vorläufig vielleicht die gleiche Menge zu niederen Kosten produzieren und einen Extragewinn aus der Rationalisierung von der Größe der senkrecht schraffierten Fläche machen. Der Preis p_1 wird trotz der Senkung der Kosten eines großen

Teiles der Produzenten (b) nicht sinken, da die Produktion nicht ausgedehnt wurde. Für den Konsumenten sind diese Vorgänge in der Produktion vorläufig ohne Bedeutung; aber auch dann noch, wenn andere Unternehmer dem Beispiel der ersten gefolgt sind. Auch sie können mit ihrem vorhandenen Kapital nicht mehr erzeugen. Die Unternehmergewinne werden sich auch hier bei gleichbleibendem Produktpreis erhöhen. In Abb. 14 bleibt der Marshallsche Punkt M unverändert. Die Unternehmergewinne erhöhen sich um die senkrecht schraffierten Flächenteile. Die durch die Rationalisierung arbeitslos gewordenen Arbeiter bleiben freigesetzt.

Die Verwendung der Unternehmergewinne ist für den weiteren Verlauf der Kompensation entscheidend. Da eine Produktionsausdehnung aussichtsreich und gewinnversprechend wird, ist die wahrscheinliche Folge eine Investierung der Gewinne im eigenen Unternehmen (Selbst-

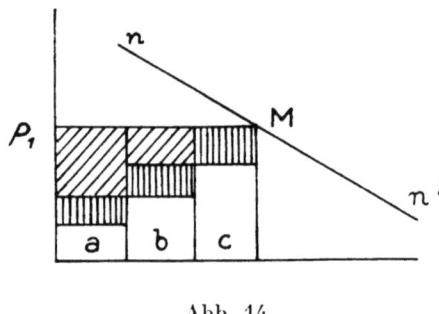

Abb. 14

finanzierung). Mögen die Umstände aber für die Dauer und Größe dieser Extragewinne noch so günstig sein — mangelnde Marktelastizität und geringe Beweglichkeit des Kapitals bei großer Kostensenkung —, so werden diese Beträge doch für lange Zeit kaum ausreichen zu einer Produktionserweiterung, die die Angebots- und Nachfrageverhältnisse erlauben würden. Dieses ist jedoch eine Tatfrage. Vorbedingung einer völligen Ausnutzung der möglichen Produktionsausdehnung wäre eine geringere Kapitalintensität der Produktion bei großen und dauerhaften Gewinnen. In einigen Unternehmungen mag dies auch durchaus gegeben sein, solange das Patentvorrecht besteht und sie so längere Zeit billiger als ihre Konkurrenten produzieren können. Die Gewinne sind dann erheblich, da sie lange Zeit hindurch entstehen können. Die Produktionsausdehnung im ganzen Produktionszweig geht aber langsam vor sich und die darauf folgende Preissenkung erfolgt um so zögernder, je geringer der Produktionsanteil dieses Unternehmens an der Gesamtproduktion dieser Ware ist.

Aber auch wenn dieser sehr günstige Fall gegeben ist, so ist damit noch lange nicht die Wiederbeschäftigung der freigesetzten Arbeiter gewährleistet. Ob dann, wenn der gesamte Produktionszweig den neuen Marshallschen Punkt erreicht hat, alle Arbeiter wieder beschäftigt sind, ist eine Tatfrage und abhängig von Momenten, die oben anläßlich der Erörterung des Falles gleichen Kapitalbedarfes behandelt worden sind[1].

Das eben Ausgeführte ist eine weitgehende Abstraktion von der Wirklichkeit. Eine Gewinnchance in einem Unternehmen schafft natürlich sofort irgendwelche Möglichkeiten der Kapitalversorgung aus anderen Gebieten. Hier sind diese Möglichkeiten aus didaktischen Gründen nicht nebeneinander, sondern nacheinander untersucht.

Reicht die durch Gewinne zum Anfall gebrachte Kapitalsumme nicht aus, den Marshallschen Punkt zu erreichen, so kann möglicherweise Kapital zur Finanzierung dieses technischen Fortschritts, neben dieser Unternehmerkapitalbildung, bereitgestellt werden durch:

1. Kapitalbildung als Folge der eintretenden Zinssteigerung,
2. Kapitalentzug aus anderen Produktionszweigen,
3. Kreditinflation (erzwungene Kapitalbildung).

Diese Möglichkeiten sollen genauer untersucht werden, und es soll auch daraus ersichtlich gemacht werden, ob hier ein Automatismus wirksam ist, den arbeitslos Gewordenen als unabänderliche Folge des ganzen Prozesses wieder Arbeit zu schaffen.

a) Kapitalbereitstellung durch Sparen

Ein anderer Weg, der rationalisierten Erzeugung Kapital zuzuführen, ist die Kapitalbildung durch Sparen. Es liegt nahe, diesen Fall an die Spitze der Betrachtungen über die Kapitalbeschaffung zu stellen. Erhöht sich der Preis irgendeines Gutes, so wird die Folge eine erhöhte Produktion sein. Ist dies nun auch bei der Kapitaldisposition der Fall? Wir haben es hier mit keinem Seltenheitsgut zu tun, das nicht produziert werden könnte. Tatsächlich ist die ,,Produktion" von Kapitaldisposition viel einfacher als die irgendeines anderen wirtschaftlichen Gutes. Es ist nicht einmal Zeit zu dieser ,,Produktion" notwendig. Ein einfacher Entschluß, auf Konsum zu verzichten, und die Übertragung dieser ersparten Kaufmittel an irgendwelche Produzenten ist schon Schaffung von Kapitaldisposition. Die Reaktionsgeschwindigkeit der Produktion auf veränderte Preise könnte bei Kapitaldisposition eine sehr große sein. Und doch ist es sehr fraglich, ob eine solche Reaktion in allen Fällen wirklich eintritt. Es ist eben der grundlegende Unterschied am Markt der Kapitaldisposition und einer beliebigen Ware, daß die

---

[1] Siehe oben S. 17ff.

„Produktion" und das Angebot nicht in jedem Fall erfolgen, um einen Preis zu erzielen, wie es bei Waren sonst der Fall ist. Sie erfolgt bei manchen Anbietern aus anderen Gründen; sei es, daß das Sparen erfolgt, damit zu bestimmter Zeit eine gewisse Menge Kapitaldisposition bereitsteht, um dann dem unmittelbaren Konsum zugeführt zu werden, oder daß bei großem Einkommen der Konsum an sich schon so groß ist, daß eine weitere Ausdehnung nur noch geringeren Nutzen abwerfen kann und das Sparen so ganz zwangsläufig erfolgt.

Um die Wirkung einer Erhöhung des Zinsfußes auf das Angebot von Kapitaldisposition zu untersuchen, muß die Reaktion der Träger der Kapitalbildung auf eine Zinsänderung zuerst herausgestellt werden. Einen wirksamen Einfluß auf den Zinsfuß hat aber neben der später zu behandelnden Kreditkapitalbildung nur die echte Sparkapitalbildung, das heißt der freiwillige Verzicht auf unmittelbaren Konsum und die Überführung dieser so freigewordenen Mittel in die Produktionssphäre. Die anderen Quellen der Kapitalbildung, Unternehmungskapitalbildung (Selbstfinanzierung) und finanzwirtschaftliche Zwangskapitalbildung müssen hierbei außer acht gelassen werden, da diese weitgehend abseits der regulierenden Kontrolle des Kapitalmarktes zur Bildung und Verteilung gelangen, hier also Sparer und Investor zusammenfallen[2].

Es bleiben also als Motive eines Kapitalangebots durch Bildung von Sparmitteln

1. die Sorge für die Zukunft der Sparer und seiner Angehörigen, und
2. das automatische Sichvermehren der großen Kapitalien[3].

Diese beiden Posten müssen wir jedoch noch weiter gliedern in Rentensparen und Fondsparen einerseits und in ein Sparen aus Zinseinkommen und in ein solches aus hohen Einkommen andererseits.

Ist die Absicht des Sparers, sich ein Kapital zu schaffen, das ihm eine dauernde Rente abzuwerfen vermag, so wird seine Reaktion auf eine Zinssteigerung eine konträre sein. Er wird sich mit der Ersparung einer kleineren Kapitalsumme zufrieden geben. Seine Antwort auf eine Zinssteigerung wird also ein geringeres Angebot von Kapitaldisposition sein. Allerdings gilt diese Reaktion nur innerhalb gewisser Grenzen, von welchen ab es vorteilhafter ist, das Kapital selbst langsam zu verzehren als von den Zinsen zu leben[4].

Die andere Quelle der Sparkapitalbildung ist die Sorge für die Wechselfälle des Lebens, für die eine gewisse Menge von Vermögen bereitstehen soll. Hierher gehören auch die Versicherungsprämien, die Kassenreserven der Unternehmungen und die Rücklagen für einen all-

---

[2] Vgl. Röpke: Theorie der Kapitalbildung. Tübingen 1929.
[3] Adolf Weber: Allgemeine Volkswirtschaftslehre. München 1932⁴, S. 130 und Gustav Cassel: Theoretische Sozialökonomie. Leipzig 1927⁴, S. 212 ff.
[4] Cassel: a. a. O. S. 219.

mählichen Verbrauch. Es ist offenbar, daß diese Kapitalbildung von einer Zinsfußänderung weitgehend unbeeinflußt ist.

Dagegen wird das Sparen der großen Einkommensbezieher, deren Einkommen zum größten Teil Zinseinkommen ist, stark von einer Zinsfußsteigerung berührt. Eine Erhöhung des Zinses bedeutet eine Steigerung ihres Einkommens, damit eine Erhöhung der Sparfähigkeit. Es ist also anzunehmen, daß eine Erhöhung des Zinses hier bei gleichbleibender Sparwilligkeit eine Steigerung des Angebots von Kapitaldisposition zur Folge haben wird.

Soweit die hohen Einkommen aus anderen Quellen als Zinseinkommen fließen (Renteneinkommen und hohe Arbeitseinkommen), wird deren Kapitalbildung durch eine Zinsfußänderung kaum berührt werden.

Wir stellen also fest, daß beim Fondsparen und beim Sparen der hohen Nichtkapitaleinkommen das Ausmaß der Kapitalbildung von der Änderung des Zinsfußes nicht berührt wird. Beim Rentensparen haben wir eine Konträrbewegung, allerdings in Grenzen, und beim Sparen der hohen Zinseinkommen eine Parallelbewegung zur Zinsänderung. Es wird also ganz auf die Einkommensstruktur der Wirtschaft ankommen, wie die Gesamtreaktion der Sparer auf eine Zinsfußsteigerung sein wird. In einer Wirtschaft mit flacher Einkommenspyramide und vorherrschender Rentnermentalität wird die Anpassung der Wirtschaft an eine erhöhte Kapitalnachfrage eine schwächere sein, als in einer Wirtschaft mit steiler Einkommenspyramide und großem Kapitaleinkommen.

Es bleibt noch hinzuzufügen, daß die Reaktion des Sparers auf einen veränderten Zinsfuß lange Zeit braucht (im Gegensatz zum zusätzlichen Kredit), denn es erlauben erstens die festen Rückzahlungstermine an sich schon keine prompte Anpassung, und zweitens dauert es eine geraume Zeit, bis die Psyche des Sparers sich zu einem Umdenken [5] bereitfindet (besonders beim Fonds- und Rentensparen).

Unser Schluß ist also: Eine erhöhte Kapitalnachfrage, bewirkt durch einen technischen Fortschritt, hat eine Zinssteigerung zur Folge; diese vermag aber nicht automatisch ein erhöhtes Sparkapitalangebot herbeizuschaffen, es sei denn die Wirtschaftsgesellschaft zeichnet sich durch eine steile Einkommenspyramide aus.

b) Kapitalentzug aus anderen Produktionen

Es tritt in jenem Produktionszweig, in dem die arbeitsparende Erfindung angewandt wurde, ein Kapitalbedarf auf. Die Unternehmer

---

[5] Vgl. Charlotte von Reichenau: Die Kapitalfunktion des Kredits. Jena 1932.

wenden sich nachfragend an den Kapitalmarkt. Diese erhöhte Nachfrage bewirkt eine Steigerung des Zinses. Da der Zins ein wichtiger Kostenfaktor ist, ist die Folge überall eine Kostensteigerung. Einige Grenzbetriebe überschreiten nun ihre Rentabilitätsgrenze. Die Kosten übersteigen die Produktpreise, und so werden die Grenzunternehmer gezwungen ihre Erzeugung einzuschränken. Das ist aber gleichbedeutend mit Freisetzung von Kapital und Arbeit. Die früher hier kombinierten Faktoren Kapital und Arbeit werden frei und drücken auf dem Markt ihre Preise; Zins und Lohn werden die Tendenz haben, zu sinken. Doch die aufnahmefähige Nachfrage steht ja schon bereit. Soweit das Kapital die erwünschte Form hat, als lang- oder kurzfristige Kapitaldisposition oder als wiederverwendungsfähige Kapitalgüter, wird es zur Ausdehnung der Produktion eingesetzt werden können, in der die Erfindung angewandt werden soll. Statt dessen tritt jedoch dort Arbeitslosigkeit ein, von wo das Kapital fortströmte.

Es wurde gesagt, daß Kapital freigesetzt wurde. Doch zu einem großen Teil war es in Anlagen investiert. Tatsächlich wird das Kapital nicht ganz nach jeder Produktionsphase reproduziert, sondern dazu ist meist eine sehr lange Zeit notwendig. Sicherlich ist das Kapital auf verschieden lange Zeit festgelegt, das zur Lohnzahlung verwandte vielleicht auf eine Woche, das in Rohstoffen und Halbfabrikaten angelegte vielleicht auf sechs Monate, das in Maschinen und anderen Anlagen investierte Kapital vielleicht auf zehn Jahre und länger. Übersteigen in einem Unternehmen nun plötzlich die Kosten die Preise, so wird bei einer Produktionseinstellung des Unternehmens nicht die ganze Kapitalsumme frei. Wahrscheinlich wird aber der Grenzunternehmer noch so lange mit Verlust weiterproduzieren, als nicht die Anlagen zum größten Teil abgeschrieben sind, beziehungsweise ein Teil der Kapitalgüter zu annehmbarem Preis veräußerbar ist. Es wird also nur ein Teil des investierten Kapitals verloren sein. Die wirtschaftlich nicht vernichteten Kapitalgüter werden bei Stillegung des Unternehmens zu anderen Produktionen eingesetzt werden, die freiwerdende Kapitaldisposition tritt dann auf dem Kapitalmarkt auf, um von hier aus in diejenigen Unternehmungen zu fließen, die durch die Rationalisierung zu einer Ausdehnung ihrer Erzeugung bereit sind. Die von der Kostenerhöhung betroffenen Unternehmer werden also ausgeschieden, und zwar in der Reihenfolge, daß erst jene stillegen, die ihre Anlagen am weitesten abgenutzt haben, beziehungsweise jene, deren Anlagen noch einen relativ hohen Verkaufswert bieten und, volkswirtschaftlich gesehen, fähig sind, für eine andere ergiebigere Erzeugung herangezogen zu werden und dann erst jene Unternehmen, deren Anlagewert niedriger und bei denen die Reproduktionsmöglichkeit der Kapitaldisposition geringer ist.

Dieser Prozeß der Kapitalübertragung kann aber noch durch mancherlei andere Hemmnisse hinausgeschoben werden. So vor allem durch zwei Momente: Risiko und Selbstfinanzierung.

Da die Kapitalübertragung als eine Aufgabe des Besitzrechtes gegen ein Forderungsrecht aufgefaßt werden muß, liegt in einer solchen Maßnahme ein Risiko. Noch andere Momente spielen mit, die Kapitalübertragung risikoreich zu machen. Ein Zinsunterschied zwischen zwei Produktionszweigen braucht noch nicht unmittelbar zu einer Kapitalabwanderung zum kapitalbedürftigsten Zweige zu führen. Wirft in A das Kapital einen Zins von 5% ab, kann aber ein solcher von 8% in B gezahlt werden, so tritt so lange keine Kapitalübertragung ein, als das Risiko nicht geringer ist als 3%. Erst wenn der Zins in B vielleicht auf 8¼% steigt, wird es vorteilhaft sein, Kapital nach B zu leiten. Das Risiko spielt hier bei der Kapitalbewegung die gleiche Rolle, wie die Transportkosten bei der Warenbewegung. Auch eine Preisdifferenz führt erst dann zu einem ausgleichenden Warenstrom, wenn nicht nur Preis mit Preis eine Spanne bildet, sondern Preis mit Preis + Transportkosten.

Wenn für einen Gläubiger objektiv das Risiko in A und B gleich ist, so sollte man meinen, würde eine Zinsdifferenz sofort zu einer Umdisponierung führen. Aber auch das ist nicht richtig. Obgleich in beiden Fällen das Risiko objektiv gleich ist, schätzt der Kreditgeber das Risiko mit einem neuen Schuldner zum Beispiel höher ein als mit einem alten. Es kommt also nicht auf das objektive Risiko an, sondern auf die subjektive Risikoeinschätzung. Erst nach Überschreiten dieser Schwelle kommt es zu Kapitalübertragungen [6].

Das Eigeninteresse des Unternehmers, das sich nicht am Wirtschaftlichen allein orientiert, und nicht nur seine Kosten-Preis-Vergleiche durchführen läßt, sondern aus anderen Gründen, wie Tradition, Ansehen der Firma usw., oft Selbstfinanzierung betreibt, verhindert häufig das Abströmen des Kapitals. Das Zusammenfallen von Sparer und Investor in einer Person schaltet dann für die Kapitalleitung den Regulator Zins aus. Wir sehen auch hier, daß der Zins vorher noch eine Schwelle zu übersteigen hat, um die Kapitalfernleitung zu veranlassen. Die reine Zinsspanne muß erst beträchtlich groß werden, bevor der Automatismus in Wirksamkeit treten kann.

Es ist wohl zu beachten, der Zins kann vorübergehend in seiner Funktion als Kapitalverteiler ausgeschaltet werden, doch treten in die gleiche Richtung drängend andere Regulatoren auf, um die Kapitalfernleitung möglich zu machen.

---

[6] Vgl. dazu Ragnar Nurkse: Internationale Kapitalbewegungen. Wien 1935, S. 23 ff.

Man hat geglaubt[7], der Zinsautomatismus habe seine Wirkung in Richtung einer volkswirtschaftlich richtigen Kapitalverteilung dadurch vermindert, weil in der Wirtschaft die gebundenen Preise eine immer größere Rolle spielen. Hierzu ist zu sagen, daß die gebundenen Preise die Bedeutung des Zinses in der Kalkulation sehr wohl mindern können, doch bleibt die tendenzielle Wirkung des Zinsfußes, das Kapital an die ertragreichsten Stellen der Wirtschaft zu leiten, weiter bestehen. Gebundene Preise, die den Produzenten einen Sondergewinn sichern, ändern an der kostenvergrößernden Wirkung der Zinssteigerung nichts. Doch hier versagt die produktionseinschränkende Wirkung der Zinssteigerung. Entweder die Produzenten sind in ihrer Produktionsmenge in Quoten festgelegt (durch ein Kartell oder den Staat), oder wir haben es mit einer rein monopolistischen Unternehmung zu tun, die ihre Erzeugungsmenge an dem optimalen Monopolgewinn orientiert. Im ersten Fall ändert eine Kostensteigerung die Produktionsquoten wahrscheinlich nicht, es sei denn, wir haben es lediglich mit einer Preistaxe zu tun. Dann scheiden Grenzproduzenten aus und die Taxen müssen geändert werden. Im zweiten Fall, bei einem Monopol, ist es nötig, die Kostensteigerung näher zu prüfen, welche Kostenarten dadurch getroffen werden.

Der Zins muß nun insoweit zu den fixen Kosten gerechnet werden, als er für das fixe Kapital gezahlt wird. Bei einem monopolistischen Unternehmen führt aber die Steigerung der fixen Kosten nicht, wie bei Unternehmen in der freien Konkurrenz, zu einer Produktionseinschränkung, sondern die Produktionsmenge bleibt gleich. Eine Erhöhung der fixen Kosten vermindert wohl den Monopolgewinn, verändert den Punkt des größten Monopolgewinnes, den Cournotschen Punkt, jedoch nicht. Eine Erhöhung der fixen Kosten bedeutet eine Kostensteigerung für jede Menge um den gleichen Betrag. Der Monopolgewinn wird also auch für jede Menge um den gleichen Betrag vermindert.

Die Abb. 15 zeigt uns die Kurve des absoluten Monopolgewinnes, wobei auf der Abszisse die abgesetzte Produktionsmenge m und auf der Ordinate der jeweilige Gesamtmonopolgewinn g, die Spanne zwischen Kosten und Erlös, abgetragen ist. Der Monopolgewinn wird optimal bei C mit einer Menge m_1. Wir dürfen uns nun die erhöhten fixen Kosten durch eine Parallele zur Abszisse denken. Dadurch wird der Monopolgewinn um das Stück vermindert, das unter der Parallele liegt. Es wird also hierdurch der mögliche Monopolgewinn gemindert. Der Punkt des optimalen Monopolgewinnes C wird dadurch nicht verändert. Eine Steigerung der fixen Kosten führt bei einem Monopol so lange

---

[7] Ernst Wagemann: Zinshöhe und Kapitalverteilung in Deutschland seit 1924. (In: Kapital und Kapitalismus. Berlin 1931.)

nicht zu einer Produktionseinschränkung, als nicht der Monopolgewinn dadurch überhaupt verschwindet. Die Zinskosten sind für den Unternehmer aber zum größten Teil fixe Kosten. Nur insoweit sind sie auch variable Kosten, als sie für die Überlassung des umlaufenden Kapitals, für Löhne, Gehälter, Materialkosten usw. gezahlt werden. Wir sehen also, daß die Monopolisten auf eine Zinssteigerung anders reagieren werden als frei konkurrierende Unternehmer, das heißt sie reagieren in Wirklichkeit gar nicht, sie verändern ihre Produktionsmenge nicht. Eine Zinsänderung hat ihre Wirkung auf eine Produktion mit gebundenen Preisen weitgehend verloren. Die Zinssteigerung wirkt zwar auch hier gewinnmindernd, aber nicht sofort produktionseinschränkend.

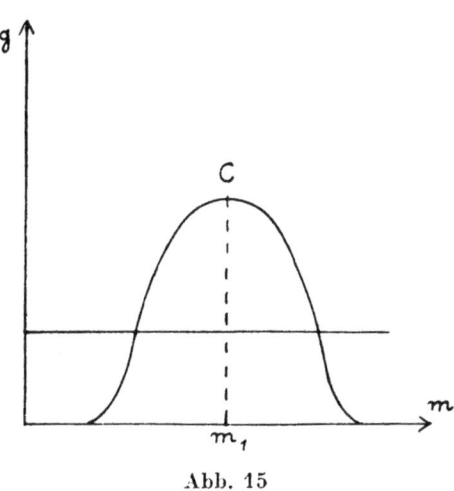

Abb. 15

Der einfache Automatismus des Zinses als Kapitalverteiler ist also durch mancherlei Hemmungen gestört, zum Teil sogar ausgeschaltet. Die Reaktion der Produktion wird durch die für lange Zeit investierten Kapitalien zeitlich stark hinausgeschoben. Der Zinsunterschied muß gleichfalls eine solche Differenz aufweisen, daß die Risikoschwelle überschritten werden kann. Bei den gebundenen Preisen wird gar die kapitalverteilende Wirkung des Zinses überhaupt ausgeschaltet, wenigstens bis zu dem Punkt, von wo ab der Monopolgewinn und damit das Monopol selbst ganz verschwindet. Der Kapitalzustrom erfolgt also nicht sofort, da die Beweglichkeit des Kapitals nur gering ist. Aber auch dann, wenn die Beweglichkeit des Kapitals vollkommen wäre, könnte die Arbeitslosigkeit nur dann durch den Kapitalzufluß gemindert werden, wenn ein Unterschied in der Arbeitsintensität bestände. Bei gleicher Arbeitsintensität entsteht durch die Kapitalbewegung Freisetzung hier und neue Beschäftigung dort. Wäre die Arbeitsintensität jedoch im Bereich des Kapitalzuflusses größer als dort, wo es abströmt, so werden mit der gleichen Kapitalmenge mehr Arbeiter beschäftigt werden können. Im umgekehrten Fall tritt allerdings eine zusätzliche Minderung des Kapitalbedarfes ein.

Je nach der konkreten Lage des Verhältnisses der Arbeitsintensitäten im Gebiet des Kapitalabflusses und -zuflusses bedeutet die geringe Beweglichkeit des Kapitals Erleichterung oder Erschwerung der Kompensation der ursprünglichen Freisetzung durch den technischen Fortschritt. Erst die Änderung des Lohnsatzes kann das Mißverhältnis der Produktionsfaktoren zueinander ändern [8].

c) Kapitalbereitstellung durch Kreditexpansion

Die kreditbedürftigen Produzenten werden durch erhöhte Nachfrage nach Kapitaldisposition bei den Banken eine erhöhte Kreditgewährung erwarten dürfen, auch dann, wenn keine entsprechenden Einlagen bereitstehen. Auf Grund ihrer Fähigkeit, Kredite zu schöpfen, werden die Banken den Unternehmern, die den technischen Fortschritt anwenden wollen, zusätzlichen Kredit einräumen [9].

Diese Unternehmer haben jetzt eine größere Menge von Kaufmitteln zur Verfügung und sie werden nun hiermit eine zusätzliche Nachfrage nach elementaren Produktionsfaktoren entfalten, um die nötigen Produktionsmittel zu erzeugen. Da kein Sparen vorausgegangen ist, hat auch keine Kaufkraftübertragung in der Wirtschaft stattfinden können, vielmehr ist die Nachfrageintensität bei den übrigen Gliedern der Wirtschaft nach eben diesen elementaren Produktionsfaktoren nach wie vor unvermindert. Die gesteigerte Konkurrenz der Nachfragenden treibt die Preise in die Höhe und bewirkt eine Umschichtung der Produktion derart, daß ein größerer Teil der Produktionsfaktoren als bisher zur Verfügung der Unternehmer zur Beschaffung der Produktionsmittel bereitsteht. Die Menge der Produktionselemente wurde durch die Nachfragesteigerung nicht erhöht. Es werden also Arbeit und Bodenerzeugnisse zur Bereitstellung von Produktionsmitteln für die den technischen Fortschritt durchführenden Unternehmer herangezogen. Durch die erhöhte Konkurrenz werden alle Unternehmer gleichmäßig durch Steige-

---

[8] Darüber unten im Abschnitt VIII.

[9] „... ändern sich die Zinsangebote in der Richtung einer Erhöhung, was insbesondere geschieht, wenn auf technischem Gebiet Fortschritte gemacht werden, die die Rentabilität der Kapitalverwendung steigern, so tritt Kreditexpansion — der häufigste Fall dynamischer Veränderung der Kreditgebarung der Volkswirtschaft — ein." (A. L. Hahn: „Kredit" im Handwörterbuch der Staatswissenschaften, 4. Aufl., 1922, Bd. 5.)

rung ihrer Kosten betroffen, sowohl Konsumgüter- als auch Produktionsmittelproduzenten. Es tritt also eine Kapitalverschiebung von diesen zu jenen mit zusätzlichem Kredit ausgestatteten Unternehmern ein, die sich in einer Umleitung von Kapitaldisposition äußert, in einigen seltenen Fällen auch in einer Umleitung von Kapitalgütern in eine neue Verwendung[10]. Eine Vergrößerung der Kapitalmenge liegt nur dann vor, wenn die Konsumgüterproduzenten in ihrer Erzeugung beschränkt werden. Das wird dann der Fall sein, wenn die Nachfrage nach Konsumgütern zurückgeht. Die Steigerung der Preise für die ursprünglichen Produktionsfaktoren wird sich durch die ganze Wirtschaft fortsetzen. Eine allgemeine Hebung des Preisniveaus ist also die Folge einer durch Kreditausweitung vermehrten Geldmenge.

Durch die Steigerung der Preise für die Produktionselemente entsteht bei dem Konsumgüterproduzenten wie bei allen übrigen eine Kostensteigerung, die sich in einer Preissteigerung auswirken muß. Hier besteht noch kein Grund zu Sonderentwicklungen bei der Konsumgütererzeugung. Erst die Betrachtung der Nachfrageseite ergibt, daß hier eine stärkere Schrumpfung der Produktion eintreten muß als bei den übrigen Grenzproduzenten.

Betrachten wir daher die Veränderung der Einkommen durch den kreditpolitischen Eingriff in den Wirtschaftskreislauf. Da es keinen einheitlichen Arbeitsmarkt gibt, werden durch die Nachfragesteigerung seitens der rationalisierenden Unternehmer nur gewisse berufliche und regionale Arbeitergruppen betroffen. Deren Löhne werden steigen[11]. Alle übrigen, nicht unmittelbar betroffenen Arbeiterkategorien werden nicht oder nur in geringem Maße davon berührt. Ihr Einkommen bleibt nominal gleich. Ebenso alle übrigen festen Einkommen wie Beamtengehälter, Kapitalrenten, Einkommen der freien Berufe, Pensionen usw.

Die durch die Kreditschöpfung zusätzlich geschaffenen Zinseinkommen der kreditschöpfenden Banken werden nur zum geringeren Teile dem Konsum zugeführt, der größte Teil wird wohl zur Kapitalbildung verwandt.

Faßt man die angeführten Einkommensänderungen zusammen, so zeigt sich bei diesen im ganzen eine Verminderung dieser Realeinkommen. Die Einkommen der durch Umstellung unmittelbar betroffe-

---

[10] Tritt eine derartige Kreditexpansion in einer stationären Wirtschaft ein, so bedeuten derartige Kapitalverschiebungen große Störungen im Wirtschaftsablauf. In einer dynamisch wachsenden Wirtschaft sind solche Störungen viel geringer, da hier die Produktion nirgends verringert zu werden braucht, vielmehr wird nur die Wachstumsrate in den einzelnen Zweigen der Wirtschaft verändert.

[11] Besteht Arbeitslosigkeit, so wird eine solche Lohnsteigerung gar nicht eintreten, die Löhne werden dann nominal gleich bleiben. Auch sonst wird aus Gründen der geringen Beweglichkeit des Arbeitspreises die Konsumgüterpreissteigerung der Lohnsteigerung vorauseilen.

nen Arbeiter steigen wohl nominal, da jedoch gleichzeitig die Konsumgüterpreise gestiegen sind, bleiben diese Einkommen real nahezu unverändert und die übrigen festen Einkommen gehen real stark zurück. Es ergibt sich im ganzen eine Minderung der Konsumfähigkeit in der Wirtschaft.

Ob tatsächlich der Konsum zurückgeht, hängt davon ab, ob nicht die festen Einkommen mit einem Rückgang der freiwilligen Kapitalbildung auf die Zwangskapitalbildung antworten werden[12]. Aber viele der Betroffenen sparen nicht oder nur wenig. Daher tritt im ganzen wohl eine geringere Einschränkung der freiwilligen Kapitalbildung ein, als die Zwangskapitalbildung das Gesamtangebot erhöht. Es tritt also durch die Kreditschöpfung nicht nur eine Verschiebung von Kapital aus einem Produktionszweig in einen anderen ein, sondern es wird auch hier durch die Zwangsenteignung bei einem Teil der Einkommensbezieher Kapital gebildet.

Die Beschaffung von Kapitaldisposition seitens der Unternehmer, die den technischen Fortschritt durchführen wollen, ist also auch auf dem Wege der Kreditschöpfung möglich. Durch die Kreditausweitung wird den Unternehmern, die den technischen Fortschritt in ihren Unternehmungen einführen wollen, auf zwei Wegen Kapitaldisposition zur Verfügung gestellt: Einerseits tritt bei der Verschiebung von Kapitaldisposition aus weniger gewinnversprechenden Verwendungen dadurch eine Beschleunigung der Anpassung ein, andererseits — und das ist das Wichtigere — wird diesen Unternehmern durch geldpolitische Enteignung neugebildetes Kapital zur Verfügung gestellt.

Gegenüber dem einfachen Fall der Kapitalverschiebung ohne Kreditausweitung haben wir hierbei positiv die gleichzeitige Steigerung des Angebots von Kapitaldisposition, also keine Zinssteigerung, dafür aber negativ eine Hebung des allgemeinen Preisniveaus mit allen seinen störenden und kapitalzerstörenden Umstellungen. Es soll hier nicht gewertet werden, welcher Fall von beiden der günstigere ist, es genügt, im Rahmen unserer Untersuchung festzustellen, daß in der Realität beide Fälle vorkommen können und vorkommen.

Eine vielverbreitete Ansicht ist die, daß eine Kreditexpansion bei technischem Fortschritt unbedenklich sei, da der inflatorischen Wirkung der vermehrten Geldmenge die deflatorische Wirkung des kostensenkenden technischen Fortschrittes gegenüberstände. Daß diese Tendenz besteht, ist ohne Frage, jedoch von einem automatischen Ausgleich kann nicht die Rede sein. Denn erstens tritt der Gegenwert der Investitionen erst nach längerer Zeit in Form eines vermehrten Waren-

---

[12] Vgl. Hans Neisser: Der Tauschwert des Geldes. Jena 1928, S. 128/129, und A. C. Pigou: Industrial Fluctuations. London 1927, S. 133.

angebotes auf den Markt, und zweitens müßte das Sozialprodukt überproportional zu der geschöpften Geldmenge steigen, da dann ceteris paribus die Gleichung Geltung haben muß:

$$\frac{\text{altes Sozialprodukt}}{\text{Neuprodukt}} = \frac{\text{alte Geldmenge}}{\text{neue Geldmenge}}$$

Da nun aber wertmäßig das alte Sozialprodukt größer ist als die alte Geldmenge, so müßte dann auch das Neuprodukt größer sein als die zusätzlich geschaffene Geldmenge. Noch unwahrscheinlicher wird die automatische Deflation, wenn man bedenkt, daß die Umlaufsgeschwindigkeit des Geldes erheblich größer ist als die „Absatzgeschwindigkeit" der neuproduzierten Waren[13]. Die inflatorische Preissteigerung tritt also in allen Fällen ein und die Wirtschaft wird erst dahin tendieren, ein neues Gleichgewicht bei überhöhter Geldmenge zu finden. Daß das Preisniveau später, das heißt wenn die zusätzlich produzierten marktgängigen Güter auf den Markt kommen, bei technischem Fortschritt früher das alte Niveau wieder zu erreichen tendiert, ist richtig, es muß jedoch betont werden, daß zwischen dem Eintreten der inflatorischen Preissteigerung und dem Eintreten der deflatorischen Preissenkungstendenz eine Zeitspanne liegt, deren Länge von der Art der Investition abhängig ist, während der jedoch die Preissteigerung sich fühlbar machen muß[14].

Daß das Zwangssparen notwendigerweise eine diskontinuierliche Kapitalbildung darstellt, ist oft behauptet worden. Tatsächlich kann eine solche Kreditschöpfung nicht unbeschränkt fortgesetzt werden. Die Grenze für die Kapitalbildung durch Kreditschöpfung ist durch die Liquidität der Banken und die Währungspolitik der Notenbank gezogen. Wird diese dennoch überschritten, so wird die Zwangskapitalbildung dadurch illusorisch, daß die Inflation alle Wertrelationen ständig verschiebt, eine Wirtschaftsrechnung damit unmöglich wird und die daraus sich ergebende Kapitalvernichtung die Kapitalbildung durch inflatorischen Kredit bei weitem überkompensiert. Es gibt also zwei Grenzen für das Ausmaß der Kreditexpansion, eine bankmäßige und eine volkswirtschaftliche. Werden diese erreicht, so wird die geldpolitische Kapitalbildung aufhören müssen und der Zinsfuß steigen. Es zeigt sich jedoch, daß auch hier kein Unterschied zum Sparen in der Wirkung auf die Wirtschaft besteht. Wird das Sparkapitalangebot geringer, so beginnt der Zinsfuß zu steigen. Ebenso auch hier. Eine immer höhere Beanspruchung ihrer Liquidität werden sich die Banken durch höhere Zinsen bezahlen lassen. Der Zinsfuß wird also bei fort-

---

[13] Neisser: a. a. O. S. 135.
[14] Vgl. vor allem Joseph Schumpeter: Theorie der wirtschaftlichen Entwicklung. München 1935⁵, S. 159.

schreitender Kreditexpansion ebenfalls steigen. Die am wenigsten ertragfähigen Verwendungen werden dadurch von der Kapitalbeschaffung ausgeschaltet. Diese Zinssteigerung ist keine Besonderheit der Zwangskapitalbildung durch geldpolitische Enteignung, eine solche Zinssteigerung wäre vielmehr schon früher eingetreten, wenn die Kreditausweitung nicht stattgefunden hätte. Besonders große wirtschaftliche Vernichtungen bei begonnenen Produktionsumwegen, die durch die Zinssteigerung abgebrochen werden mußten, sind bei der Kreditexpansion nicht zu befürchten.

Die großen technischen Fortschritte des vergangenen Jahrhunderts sind in den meisten Fällen wohl durch Kreditexpansion seitens der Banken finanziert worden. Eine so große vorherige Kapitalbildung, die notwendig gewesen wäre, konnte gar nicht erfolgt sein; weder waren die Produktionsüberschüsse der Unternehmungen so groß, noch war die Sparwilligkeit der Bevölkerung so schnell gewachsen. Daß dennoch keine inflatorischen Folgen eingetreten sind, dürfte — ohne dem oben Gesagten zu widersprechen — durch die deflatorische Wirkung dieser technischen Fortschritte verursacht sein. Bisher wurde ja nur ein isoliert auftretender technischer Fortschritt in seinen Folgewirkungen untersucht. Ist aber einem solchen ein anderer stark produktivitätssteigernder vorausgegangen, so wirkt dieser dahin, eine vorübergehende inflatorische Tendenz auf den Preisspiegel zu kompensieren.

Durch die Kreditausweitung kann also die Kapitalmenge einer Wirtschaft innerhalb enger Grenzen erhöht werden und damit die Finanzierung des technischen Fortschrittes teilweise erfolgen.

Bei größerem Kapitalbedarf entsteht für die Kompensation der Freisetzung die Notwendigkeit der Kapitalbeschaffung. Als Folge des technischen Fortschritts konnte die erhöhte Kapitalbereitstellung nur bei der Finanzierung aus den Rationalisierungsgewinnen der Unternehmer und bei der Kreditexpansion erkannt werden. Die Finanzierung aus den Rationalisierungsgewinnen ist aber nur beschränkt möglich, da diese nur während der Anpassungszeit an die neuen technischen Gegebenheiten entstehen. Ist die Anpassung erfolgt, also eine Preissenkung eingetreten, so könnte die Kapitalbereitstellung durch größere Ersparnisse der Konsumenten erfolgen. Eine Zwangskapitalbildung ist innerhalb von Grenzen möglich, besonders dann, wenn die anfängliche Kreditexpansion durch nachfolgende freiwillige Kapitalbildung abgelöst wird. Durch die kreditpolitische Kapitalbildung seitens der Banken kann nicht nur die wirtschaftliche Auswertung neuer Erfindungen stark gefördert werden, sondern es können hierdurch auch die Wunden, die der technische Fortschritt geschlagen hat, geheilt werden: Die Bereitstellung des komplementären Produktionsfaktors Kapital gibt den betroffenen Arbeitern auch die Möglichkeit einer Wiederbeschäftigung. Im ganzen ist jedoch zu sagen, daß im Falle eines hohen Kapitalbedarfs mit einer längeren Zeit zu rechnen ist, die für die Kompensation der Arbeiterfreisetzung erforderlich ist, als bei gleichem Kapitalbedarf.

VII. Der technische Fortschritt bei Monopolen

Daß der Untersuchung der Folgewirkungen des technischen Fortschrittes auf den Arbeitsmarkt bei freier Konkurrenz noch eine gesonderte bei Monopolen hinzugefügt werden soll, geschieht nicht, weil wir glauben, daß die heutige Wirtschaft eine monopolisierte ist, oder daß sie zu einer allgemeinen Monopolisierung hindränge, sondern vor allem deswegen, weil wir es bei der short run-Betrachtung stets mit Teilmonopolen bei der Einführung eines technischen Fortschritts zu tun haben. Jeder Unternehmer, der ein Patent besitzt, hat eine monopolartige Stellung. Jede Investition erfordert Zeit und solange die Konkurrenz nicht nachgefolgt ist, sei es bei Herstellung eines ganz neuen Produktes, sei es bei einer völligen Umwälzung des Produktionsganges, hat der in der freien Konkurrenz stehende Unternehmer eine monopolartige Stellung während der Zeit, in der er allein die Vorteile eines neuen Verfahrens genießen kann. Andererseits ist unsere Wirtschaft von Teilmonopolen und Vollmonopolen durchsetzt, die nicht nur eine vorübergehende Bedeutung haben, sondern als Strukturelement gelten müssen. Wir werden sehen, daß die Voraussetzungen zur Einführung eines neuen technischen Verfahrens bei einem Monopolisten andere sind als bei einem frei konkurrierenden Wirtschafter. Gleichfalls hat auch eine durch einen Monopolisten durchgeführte Rationalisierung andere Folgen für den Arbeitsmarkt.

a) Technischer und ökonomischer Fortschritt beim Monopol

Gewöhnlich glaubt man, daß es für die Einführung eines technischen Fortschrittes ohne Belang sei, ob die Unternehmung im freien Wettbewerb steht oder Monopolist am Markte ihrer Produkte ist. Das Gegenteil soll im folgenden auf graphischem Wege aufgezeigt werden (Abb. 16).

Der Einfachheit halber ist angenommen, die Gesamtproduktion eines Gutes werde von zwei Unternehmungen durchgeführt, die aber im freien Wettbewerb miteinander stehen. Beide weisen die gleiche Kostenstruktur auf. k_1 seien die Durchschnittstückkosten, die mit der erzeugten Menge variieren. Die absetzbaren Mengen sind $2 \cdot m_1$, also für jede Unternehmung m_1, und der Preis stellt sich dann auf p_1 bei einer Nachfragekurve von nn'' für eine Unternehmung. Jetzt ergibt eine neue

Erfindung die Möglichkeit des Übergangs zu einer neuen Kostenstruktur k_2, wobei eine Senkung der Stückkosten für den größten Teil der produzierbaren Menge eintritt. Nach Ablauf der Anpassungskämpfe wird jede Unternehmung m_1' produzieren, insgesamt beide $2 \cdot m_1'$. Der Preis sinkt dann von p_1 auf p_2.

Verändern wir jetzt die Annahmen derart, daß keine freie Konkurrenz bestehe, sondern beide Unternehmungen zusammengeschlossen sind und als Monopolisten den Markt beherrschen. Es wird jetzt nur

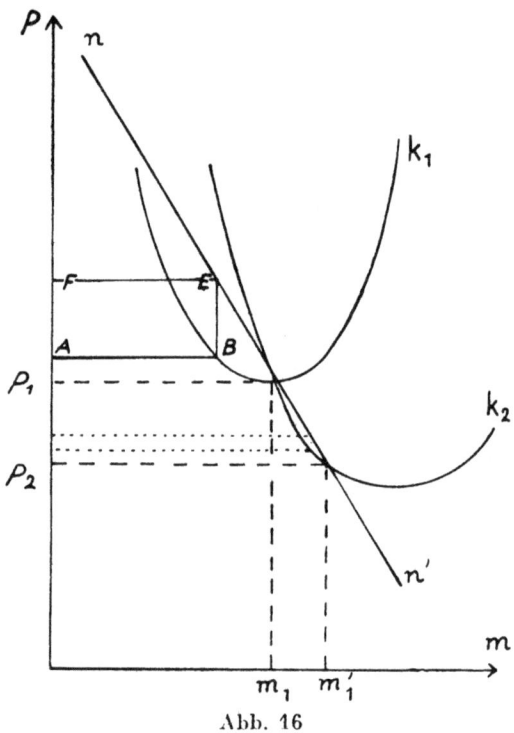

Abb. 16

eine Menge von $2 \cdot AB$ produziert, jede Unternehmung die Menge AB, so daß der Monopolgewinn mit $2 \cdot \square ABEF$ maximal wird. Ist nun wieder das neue Produktionsverfahren k_2 gefunden, das eine Kostensenkung bringt, so wird der Monopolist diesen technischen Fortschritt doch nicht einführen, da sonst sein Monopolgewinn kleiner würde.

Das punktierte Rechteck stellt den maximalen Monopolgewinn eines Unternehmers bei der neuen Kostenstruktur k_1 dar. Man sieht ohne weiteres: dies punktierte Rechteck ist kleiner als das $\square ABEF$, das den früher optimalen Monopolgewinn einer Unternehmung anzeigte. Unser Ergebnis ist also: bei gewissen Stellungen der Nachfrage zu den Kosten gibt es beim Monopol Fälle, bei denen ein technischer Fortschritt nicht eingeführt wird, der bei freier Konkurrenz eingeführt worden wäre und, umgekehrt, kann die Monopolisierung einer Produktion zu einer Erzeugungsweise führen, die in der ungehinderten Konkurrenz rückständig ist.

b) Der Einfluß des technischen Fortschrittes beim Monopol auf dem Arbeitsmarkt

Haben wir gesehen, daß die Frage, ob ein technischer Fortschritt auch ein ökonomischer ist, in manchen Fällen bei Monopol anders be-

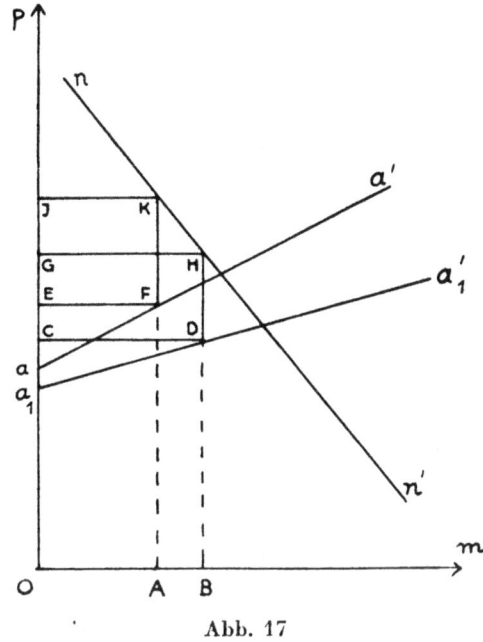

Abb. 17

antwortet wird als in der freien Konkurrenz, so zeigen sich die Hauptunterschiede doch bei der Auswirkung eines angewandten technischen Fortschritts auf die Produktionsreaktion und damit auf den Arbeitsmarkt.

Eine Kostensenkung durch eine Rationalisierung wird von frei konkurrierenden Unternehmern immer mit einer Produktionsausdehnung beantwortet. Ein Monopolist dagegen handelt nicht in jedem Falle so. Für ihn ist die Richtschnur seiner Produktion die Entwicklung des Monopolgewinns. In Abb. 17 sei aa' die Angebotskurve der monopolistischen Unternehmer und nn' die Nachfragekurve. Produzieren die Unternehmer vor Einführung des technischen Fortschritts eine Produktionsmenge von OA, so wird ihr Monopolgewinn optimal mit $\square EFKI$. Ändern sich durch den technischen Fortschritt ihre Kosten und wird die Angebotskurve aa' dadurch zu a_1a_1', so wird ihre optimale Produktionsmenge OB mit dem Monopolgewinn $\square CDHG$. Das Ergebnis ist also hier eine Produktionsausdehnung. Die Monopolisten reagieren tendenziell in gleicher Richtung, das heißt in Richtung einer Produktionserweiterung, wie die frei konkurrierenden Unternehmer es tun würden.

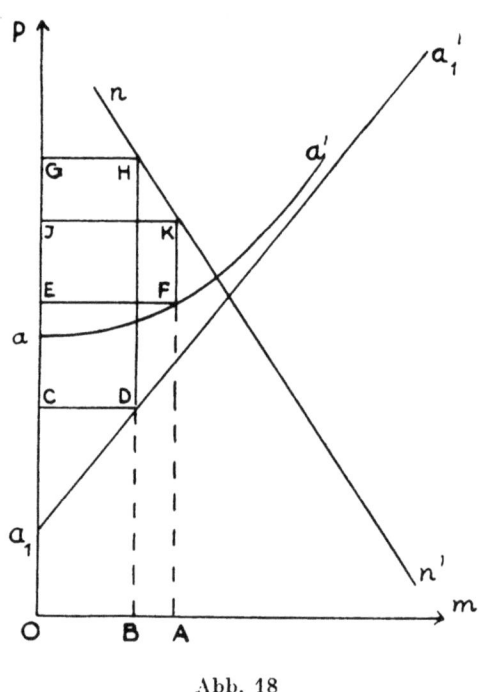

Abb. 18

Verändern wir nun die Annahmen. In Abb. 18 haben die Kostenkurven eine etwas andere Gestalt: Die ursprünglich optimale Produktionsmenge war OA mit einem Monopolgewinn von $\square EFKI$. Bei sinkenden Kosten wird die optimale Produktionsmenge OB kleiner als bei höheren Kosten, wo sie OA war. Der Monopolgewinn wird zu $\square CDHG$. Der Monopolist reagiert in diesem Falle tendenziell entgegengesetzt zum frei konkurrierenden Unternehmer. Bei sinkenden Kosten dieser Art wird die Produktion eingeschränkt statt ausgedehnt.

Schließlich ist noch der Fall möglich, bei dem die optimale Produktionsmenge durch den kostensenkenden technischen Fortschritt gar nicht berührt wird. In Abb. 19 ist sowohl vor als auch nach der Kostensenkung die optimale Produktionsmenge OA. Bei niederen Kosten ist aber dann auch der Monopolgewinn größer ($\square CDHG > \square EFHG$). In diesem Falle werden die Monopolisten bei Kostensenkung die Produktionsmenge nicht verändern.

Bei freier Konkurrenz würde in allen drei Fällen eine Produktionsausdehnung eingetreten sein. Im Monopolfalle dagegen kann, wie wir sahen, die Reaktion eine andere sein.

Um die Frage der Arbeiterfreisetzung bei einem Monopol am Produktmarkt zu untersuchen, wird ein Fall gleichen Kapitalbedarfs zur

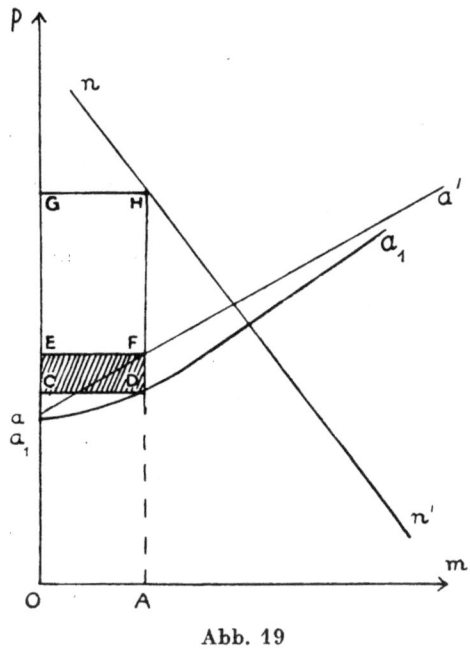

Abb. 19

Untersuchung herausgegriffen. Der Einfachheit halber bleibe auch die Produktionsmenge die gleiche. Es ist hier der in Abb. 19 dargestellte Sonderfall herausgegriffen.

Die Produktionsmenge der Monopolisten war bei den früheren höheren Kosten OA. Die Rationalisierung bewirkte eine Änderung der Angebotskurve durch die Kostensenkung von aa' auf $a_1 a_1'$. Die Monopolisten werden ihre Erzeugungsmenge beibehalten und der Kapitalbedarf bleibe in diesem Falle auch gleich. Es fällt also gleicher Kapitalbedarf mit dem Fall zusammen, bei dem die Monopolisten ihre Produktionsmenge trotz Kostensenkung nicht ausdehnen. Durch die

Kostensenkung erlangen die Monopolisten einen zusätzlichen Monopolgewinn, der in unserer Abbildung durch das schraffierte Rechteck $\Box CDFE$ dargestellt ist. Durch diese Rationalisierung wurde, da es sich hier um einen arbeitsparenden technischen Fortschritt handelt, eine große Anzahl Arbeiter freigesetzt.

Welches sind nun die weiteren Folgen? Die Arbeiter sind freigesetzt und eine neue Beschäftigungsmöglichkeit durch Produktionsausdehnung ist nicht gegeben. Hier vereinfacht sich das Problem der Kompensation. Die Möglichkeiten der Wiederbeschäftigung durch Nachfrageverschiebung und Kostensenkung als Folge der Preissenkung, die bei freier Konkurrenz bestehen, fallen hier fort. Da keine Senkung der Preise der rationalisierten Produktion eintritt, kann weder eine Nachfrageverschiebung noch eine Kostensenkung in den nachgeordneten Stufen eintreten. Für die Konsumenten ist durch die Kostensenkung keinerlei Änderung ihrer Dispositionen eingetreten. Es bleibt also nur die Möglichkeit der Kompensation durch Einkommensverschiebung.

Die Lohneinkommen der freigesetzten Arbeiter haben sich in Monopolrenten verwandelt. Entscheidend für das Schicksal der Arbeiter ist jetzt die Art der Verwendung dieser Monopolgewinne. Es bestehen nun wieder die beiden Möglichkeiten: die Monopolisten können die Gewinne konsumieren oder sparen.

Wird der gesamte zusätzliche Monopolgewinn von den Unternehmern konsumiert und richtet sich deren Nachfrage gerade auf jene Erzeugnisse, die die jetzt freigesetzten Arbeiter sonst mit ihrem Lohn gekauft hätten, wenn sie noch in Beschäftigung wären, so ändert sich im ganzen Wirtschaftsprozeß nichts, nur daß die Arbeiter freigesetzt sind. Eine Wiederbeschäftigungsmöglichkeit besteht vorerst nicht[1].

Wendet sich die zusätzliche Nachfrage der Unternehmer dagegen solchen Gütern zu, deren Produktion eine größere Menge Arbeit erforderte als zu jenen Erzeugnissen, die die freigesetzten Arbeiter konsumiert hätten, so ergibt sich hier, das heißt in der Produktion und in der Vorproduktion der Konsumgüter, eine Möglichkeit der teilweisen Wiedereinstellung. In dem Produktionszweig, in dem die Arbeiterkonsumgüter hergestellt wurden, geht die Produktion durch den Ausfall der Nachfrage der jetzt Arbeitslosen zurück, und es treten Produktionseinschränkungen und Stillegungen von Grenzbetrieben ein. Es werden also Kapitalgüter wirtschaftlich vernichtet, und gleichzeitig werden hier Arbeiter und Kapitaldisposition freigesetzt. In jenen Erzeugergruppen, in denen die speziellen Konsumgüter der Unternehmer hergestellt werden, treten anfänglich Extragewinne auf, die eine Pro-

---

[1] Das heißt solange die mögliche Lohnsenkung nicht in die Betrachtung einbezogen ist.

duktionsausdehnung veranlassen, während demgegenüber die Verluste in den Produktionszweigen für Arbeiterverbrauchsgüter Produktionseinschränkungen die Folge waren. Es besteht also die Tendenz zur Übertragung von Produktionsfaktoren aus der Erzeugung für Arbeiterkonsumgüter in die Erzeugung für Unternehmerkonsumgüter. Bei einer großen Elastizität der Wirtschaft ergeben sich hieraus keine größeren Schwierigkeiten.

Die Wiedereinstellung der durch die Rationalisierung freigesetzten Arbeiter in der arbeitsintensiven Erzeugung der Unternehmerverbrauchsgüter kann nur eine teilweise sein. Jede Produktion kombiniert Arbeitskraft mit Kapital. Der zusätzliche Monopolgewinn entspricht dem früheren Arbeitseinkommen und wird jetzt zu Arbeitseinkommen und Kapital- und Renteneinkommen. Der Fall, bei dem annähernd der insgesamt eingesparte Lohnbetrag den Arbeitern wieder zufließt, ist nur dann gegeben, wenn das Konsumgut der Unternehmer eine persönliche Dienstleistung ist. Dieser Fall, daß die konsumtive Verausgabung des Unternehmergewinns sich Gütern zuwendet, zu deren Erzeugung viele Arbeitskräfte notwendig waren, kommt der Wirklichkeit wohl am nächsten. Die industriellen Konsumgüter der Arbeiter sind zum Teil Massenproduktionsgüter, die der Unternehmer dagegen Spezialerzeugnisse und Luxusgüter, so daß man wohl mit Recht annehmen kann, in den Konsumgütern der Unternehmer stecke mehr unmittelbare Arbeit als in den von den Arbeitern konsumierten Erzeugnissen.

Denkbar, das heißt theoretisch möglich, ist schließlich noch der Fall, daß Erzeugnisse, deren Produktion weniger arbeitsintensiv war, nachgefragt werden. Hier tritt als Folge des technischen Fortschritts keine unmittelbare Kompensation auf, sondern vielmehr in der Arbeiterverbrauchsgütererzeugung noch eine sekundäre Arbeitslosigkeit. Wegen der größeren Kapitalintensität in dem Erzeugungszweig, der die Konsumgüter der Unternehmer herstellt, vermag diese nur einen Teil der in der Arbeiterkonsumgütererzeugung freigesetzten Arbeiter wieder aufzunehmen -- ganz abgesehen von den Schwierigkeiten, die in der Mobilität des Produktionsfaktors Arbeit liegen.

Die zweite Art der Verwendung des durch die Rationalisierung entstandenen zusätzlichen Monopolgewinns ist die Kapitalbildung. Die Unternehmer werden vielleicht auf einen zusätzlichen Konsum verzichten und die Extragewinne dem Kapitalmarkt zuführen. Die Folge ist eine Tendenz zur Zinssenkung und ein Anreiz zur Produktionsausdehnung für andere Unternehmer. Hier ergeben sich Möglichkeiten, vorerst einen Teil der arbeitslos Gewordenen wieder zu beschäftigen. Daß die Gesamtzahl der Arbeitslosen nicht sofort wieder Beschäftigung finden kann, ergibt sich schon daraus, daß der zur Investition verwandte Extragewinn, der früher völlig Arbeitseinkommen wurde, jetzt sowohl zu Arbeits- als auch zu Kapital- und Renteneinkommen wird. Es wird also durch die Kapitalbildung aus dem Monopolgewinn ein Teil der freigesetzten Arbeiter wieder beschäftigt. Wird der Monopolgewinn längere Zeit hindurch zur Investition verwandt, vermehrt sich der Produktionsfaktor Kapital also ständig, so können auch ständig mehr Arbeiter beschäftigt werden. Das Ergebnis wird also nach einer gewissen Zeit eine völlige Kompensation und Überkompensation der Arbeitslosigkeit sein. Das Tempo der Kompensation, die hier ceteris paribus eintreten muß, ist abhängig von der Arbeitsintensität in dem Produktionszweig, in dem das Kapital investiert wird[2].

Neben dieser Arbeitslosigkeit entstand noch eine solche in den Unternehmungen, in denen die Konsumgüter der Arbeiter erzeugt wurden. Dort fanden auf Grund des Nachfrageausfalls Produktionseinschränkungen statt. Doch ergibt sich für diese kein Ersatz durch gesteigerte Unternehmernachfrage nach den gleichen oder anderen Konsumgütern. Diese freigesetzten Produktionsfaktoren wirken preisdrückend und werden an anderer Stelle der Wirtschaft wieder beschäftigt werden. Es wurde hier nicht nur Arbeit, sondern auch Kapital freigesetzt. Wir sehen hier also

1. eine Arbeiterfreisetzung durch den Monopolisten und eine langsame Kompensation durch ständiges Investieren des Monopolgewinns, und
2. eine Arbeiterfreisetzung in der Arbeiterkonsumgüterproduktion, die aber die Heilungskräfte insofern schon in sich trägt, als auch Kapital gleichzeitig freigesetzt wurde.

Eine besondere Art der Kapitalbildung verhindert, oder kann diesen Heilungsprozeß wenigstens hinauszögern. So, wenn die Beträge, die die Monopolisten einsparen, nicht auf dem Kapitalmarkt ausgeliehen, sondern im eigenen Unternehmen investiert werden. Das Rechnungsmedium des Marktzinses, das die angebotene Kapitaldisposition den ertragreichsten Verwendungen in der Volkswirtschaft zuführt, fällt fort. Das Kapital wird im gleichen Unternehmen investiert, in dem es gebildet wurde. Da hier, außer Fragen des Risikos, noch andere Momente neben der reinen Kapitalertragsrechnung eine Rolle spielen, wie Macht, Steuerflucht und ähnliches, werden die Mittel oft nicht wirtschaftlich zweckmäßig verwendet, das heißt die volkswirtschaftliche Verteilung

---

[2] Ist g der jeweils anfallende Monopolgewinn, l die ersparte Lohnsumme und $\frac{1}{\Omega}$ das Maß für die Arbeitsintensität in der Erzeugung, in der die Kompensation stattfindet, so gilt $g = l$.

Die Kompensation ist durchgeführt, wenn $\frac{\Sigma g}{g} = 1 + \Omega$ wird.

des Produktionsfaktors Kapital erfolgt nicht nach einem Rentabilitätsvergleich von Marktzins und reinem Zins.

Diese Investitionen können entweder Erweiterungsinvestitionen oder Verbesserungsinvestitionen sein[3]. Da nach Voraussetzung die Erweiterungsinvestitionen in der gleichen Produktion für unseren Monopolisten nicht von Vorteil wären, wird er vor allem Verbesserungsinvestitionen durchführen wollen, abgesehen von möglichen Investitionen in anderen eigenen, aber nicht monopolistischen Unternehmungen. Erweiterungsinvestitionen müßten durch die darauf folgende Produktionserhöhung zwangsläufig den Monopolgewinn vermindern, da er schon maximal war. Verbesserungsinvestitionen können aber nur einen weiteren rein technischen Fortschritt bringen, da der ökonomische Fortschritt schon weitgehend angewandt worden ist. Dennoch werden solche unwirtschaftliche Rationalisierungen häufig durchgeführt. Eine solche Kapitalverwendung, die vom betriebswirtschaftlichen Standpunkt aus eine Kapitalfehlleitung ist, braucht volkswirtschaftlich eine solche nicht zu sein. Das Nichteinhalten der optimalen Produktionsmenge und eine Vergrößerung der Erzeugung, so daß eine Annäherung an die Gleichgewichtsmenge eintritt, ist volkswirtschaftlich nicht von Schaden. Eine Anwendung technischer Fortschritte dagegen, die keine ökonomischen Fortschritte sind, muß auch volkswirtschaftlich als verfehlt angesehen werden. Sie bedeuten entweder, wenn der Fehler durch Rückkehr zum alten Verfahren wieder gutgemacht wird, eine einmalige Kapitalvernichtung oder, wenn das nicht geschieht, einen dauernden Verlust an Produktivität, das heißt in unserem Falle wird der Monopolgewinn ständig kleiner sein. Kapitalvernichtung oder verminderte Kapitalbildung müssen aber die Kompensation der Arbeiterfreisetzung noch weit hinauszögern.

Es wurde nur der Fall gleichen Kapitalbedarfs beim Monopol entwickelt. Der Fall gesteigerten Kapitalbedarfs liegt beim Monopol ganz entsprechend den Wirkungen des technischen Fortschritts bei freier Konkurrenz, nämlich ungünstiger für eine schnelle und sichere Kompensation.

Bei Monopolen haben wir die größere Wahrscheinlichkeit, daß der Produktivitätszuwachs sich in einer gesteigerten Kapitalbildung niederschlägt. Ein Konsum der Monopolgewinne dürfte nicht der Regelfall sein. Aus diesem Grunde muß die Freisetzungsfrage für das Monopol als günstiger erachtet werden als bei freier Konkurrenz. Gesteigerte Kapitalbildung als Folge eines technischen Fortschritts ist der sicherste Weg, die freigesetzten Arbeiter schnell wieder in den Produktionsprozeß einzugliedern. Andererseits ist jedoch auch die oben näher gekennzeichnete geringere Beweglichkeit des Faktors Kapital bei monopolisti-

---

[3] Vgl. Preiser: Grundzüge der Konjunkturtheorie. Tübingen 1933, S. 53ff.

schen Unternehmungen und die große Gefahr einer Selbstfinanzierung mit der sehr häufigen Kapitalfehlleitung nicht zu unterschätzen. Entgegen allen jenen Meinungen jedoch, die eine nachfolgende Preissenkung für unfehlbar halten und den Preismechanismus durch die Monopole gestört sehen[4], müssen wir gerade das Monopol aus Gründen einer großen Kapitalbildungsfähigkeit als Garanten einer schnellen Kompensation betrachten.

VIII. Kompensation durch Lohnsenkung

Im bisherigen sind alle Kompensationsmöglichkeiten erörtert worden, mit Ausnahme der Lohnsenkung. Es wurde stets ein Gleichbleiben der Löhne angenommen. Eine Freisetzung, das heißt eine Verminderung der Nachfrage nach Arbeit, muß aber eine Senkung des Lohnes zur Folge haben. Eine Lohnsenkung erlaubt aber eine größere Beschäftigung, muß also Kompensationschance sein.

Die nachfolgende Darstellung einer Lohnänderung durch Angebots- und Nachfragekurven für Arbeit ist nicht ganz exakt. Einer solchen Darstellung der Marktverhältnisse liegt stets ein stillschweigendes ceteris paribus zugrunde. Bei einer Änderung des Lohnsatzes ändern sich aber alle übrigen Daten der Wirtschaft erheblich und in unverhältnismäßig stärkerem Maße als bei Änderung irgendwelcher Güterpreise[1]. Daß diese Darstellung trotz des offenbaren Fehlers gewählt wurde, hat seinen Grund in der leichteren Aufzeigung der variierten Daten. Im übrigen bedeutet diese Darstellung eines Arbeitsmarktes nur eine erste Annäherung an die Verhältnisse mehrerer verbundener Märkte.

Durch den technischen Fortschritt ist die Nachfrage nach Arbeit gesunken. In Abb. 20 ist dies durch das Sinken der Nachfragekurve von nn' auf $n_1 n_1'$ dargestellt. Vorher waren OM_1 Arbeiter beschäftigt. Durch die Nachfrageschrumpfung können zum geltenden Lohnsatz OL_1 nur mehr OM_2 Arbeiter beschäftigt bleiben. Die Zahl der Beschäftigten geht anfänglich also um $M_1 M_2$ zurück. Jetzt wird der Arbeitspreis sinken[2] und sich letztlich auf der Höhe von OL_3 einstellen; die Beschäftigung steigt damit wieder auf OM_3. Die Freisetzung beträgt im ganzen somit nur $M_3 M_1$. Es ergibt sich tatsächlich eine Kompensations-

---

[4] So Fritz Machlup: Führer durch die Krisenpolitik. Wien 1934, S. 185, und Otto Veit: Die Tragik des technischen Zeitalters. Berlin 1935, S. 104.

[1] Vgl. dazu auch Otto von Zwiedineck-Südenhorst: Allgemeine Volkswirtschaftslehre. Berlin 1932, S. 210.

[2] Der Lohn wird nominal sinken, ob auch real ist davon abhängig, ob als Folge der Rationalisierung eine Preissenkung eingetreten ist, und zwar eine Preissenkung der Güter, die für den Konsum der Bezieher dieser Arbeitseinkommen in Betracht kommen.

möglichkeit durch Lohnsenkung für M_2M_3 Arbeiter. Allerdings ist dies nur ein Teil der freigesetzten Arbeiter. Diese Anpassung kann aber nicht ausreichen, die Kompensationsmöglichkeit durch Lohnsenkung zu erschöpfen. Es gilt jetzt noch, den Faktor Zeit einzuführen.

Die in Abb. 20 gebrachte Angebotskurve gilt nur für einen bestimmten Zeitpunkt. Das Ergebnis war oben eine Freisetzung von M_3M_1 Arbeitern. Ändert sich im ausgeführten Schema gar nichts, nur daß einige Zeit verstreicht, so wird sich auch die Angebotsstruktur des Produktionsfaktors Arbeit verändern. Das hat vor allem seinen Grund darin, daß die auf Verwertung ihrer Arbeit angewiesenen Arbeiter jetzt kein Einkommen mehr haben und sie nun eine Zeitlang von Unterstützungen und ihren Ersparnissen leben müssen. Ihre Lebenshaltung

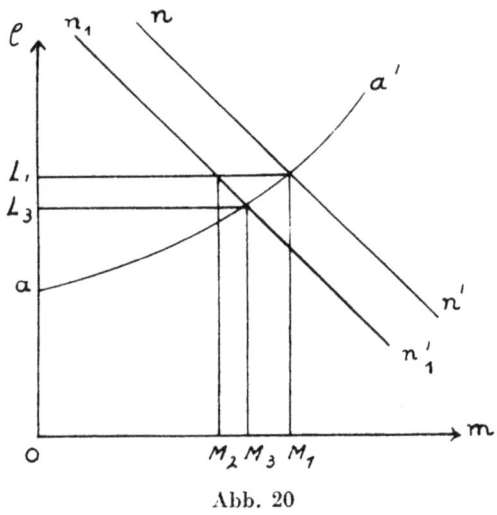

Abb. 20

sinkt während dieser Zeit, ihre Ersparnisse und die Möglichkeiten privater Unterstützung gehen zu Ende, und dadurch sinken auch ihre Lohnansprüche, so daß nach Verlauf einiger Zeit der Lohn auf das Niveau der öffentlichen Arbeitslosenunterstützung sinken kann[3]. Wir haben also ein tendenzielles Sinken der Arbeitsangebotskurve in der Zeit bei Rückgang der Arbeitsnachfrage. Das Arbeitsangebot tendiert bei langdauernder Arbeitslosigkeit von einer sehr wenig elastischen zu einer beinahe vollkommen elastischen Kurve zu werden.

---

[3] Wenn keine öffentliche Arbeitslosenunterstützung gezahlt wird, so wird es dennoch eine Lohnuntergrenze geben. Ob dies aber das (physische oder kulturelle) Existenzminimum wäre, ist immerhin zweifelhaft. Diese Untergrenze wird stets politisch bestimmt sein. (Anders zum Beispiel Alfred Amonn: Das Lohnproblem. Berlin 1930, S. 18.)

In Abb. 21 verschiebt sich die Arbeitsangebotskurve nach einer Zeit OO_1, die auf der Zeitachse in der dritten Dimension dargestellt ist, von aa' nach a_1a_1'. Der Gleichgewichtspunkt S sinkt gleichfalls (auf S_1) und die Zahl der Arbeiter, die Beschäftigung finden können, steigt von OM_3 auf O_1M_4. Die Menge der freigesetzten Arbeiter ist somit nur geringfügig, nur M_4M_1, an Stelle der viel größeren Zahl von M_3M_1. Als arbeitslos im eigentlichen Sinne sind diese nun gleichfalls

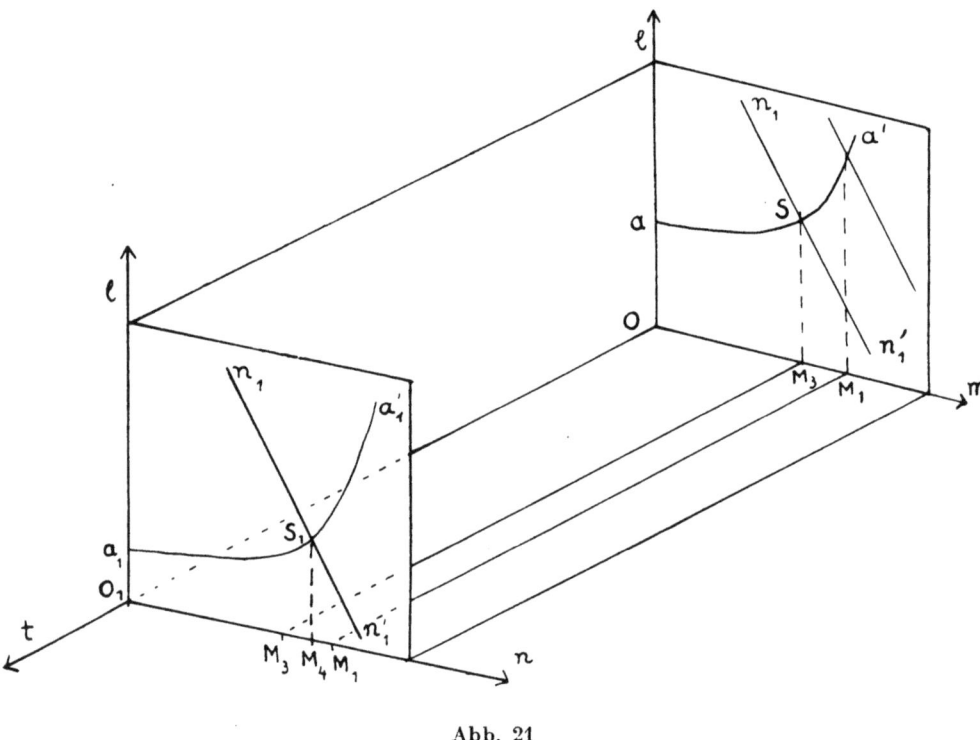

Abb. 21

nicht anzusehen, denn Arbeitslosigkeit liegt nur dann vor, wenn noch Anbieter bereit sind, zum geltenden Lohnsatz Arbeit anzunehmen. Die Arbeiter M_4M_1 verlangen aber einen höheren Lohn als den geltenden Marktlohn.

Erst wenn die Arbeitsangebotskurve durch langdauernde Friktionsarbeitslosigkeit zu einer vollkommen unelastischen geworden ist, ist auch der von Neisser[4] aufgezeigte Fall von Dauerarbeitslosigkeit im

---

[4] Hans Neisser: Lohnhöhe und Beschäftigungsgrad im Marktgleichgewicht. Weltwirtschaftliches Archiv, Bd. 36, 2.

Marktgleichgewicht möglich. In Abb. 22 stelle OM das vorhandene Arbeitsangebot dar, nn' sei die Nachfragekurve, dann ist die Zahl der Beschäftigten OB und die Arbeitslosen sind BM. Daß dieses nur ein theoretisch möglicher Fall ist und in der bisherigen wirtschaftlichen Entwicklung kein Beispiel gefunden hat, bedarf eigentlich keiner besonderen Erwähnung. Die von Strigl[5] angeführte Konstellation, bei der nur ein Teil der Angebotskurve vollkommen unelastisch ist, ist eher möglich, kann aber dann die gleichen Folgen einer Dauerarbeitslosigkeit in einer statischen Wirtschaft haben.

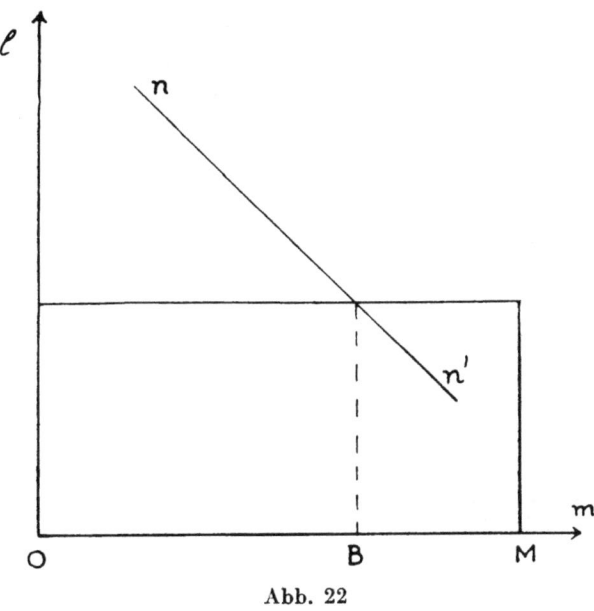

Abb. 22

Aber auch dieser Mechanismus, der im Zeitverlauf wirksam ist, erfolgt nicht ohne Hemmungen und durchaus nicht in der eben geschilderten reibungslosen Form. Die Arbeitspreisbildung ist ein Sonderfall und nicht nur ein Anwendungsfall der Preisbildung. Die Arbeitslosigkeit ist eine Folge der Hemmungen bei dieser Preisbildung. Warum, so müssen wir fragen, führt eine Arbeiterfreisetzung nicht zu einer sofortigen Lohnsenkung und Wiederbeschäftigung bei anderen Produzenten? Mit anderen Worten: warum wirkt der Preismechanismus bei der Arbeit nicht oder nur unvollkommen?

Der Preis hat in der Verkehrswirtschaft zwei Aufgaben: erstens die Regulierung des Angebots und der Nachfrage und zweitens die Ver-

---

[5] Siehe unten S. 61.

bindung der Märkte. „Aus der Masse derer, die eine Ware begehren, werden diejenigen ausgeschaltet, die nicht mit der nötigen Kaufkraft ausgestattet sind, um den Preis zu bezahlen." Und der Preis „ist zugleich der Regulator der Produktion, sinkt der Preis, wird die Produktion eingeschränkt, steigt er, so wird sie ausgedehnt"[6]. Außerdem wirkt ein Preisunterschied auf verschiedenen Märkten tendenziell dahin, daß Angebot und Nachfrage zusammenfallen und die Menge gleichmäßig verteilt wird.

Um einen wichtigen Unterschied zwischen der Arbeitsleistung und einer Ware auf dem Markt herauszustellen, muß vor allem betont werden, daß die Arbeitsleistung nicht produziert wird, also das Angebot von Arbeit nicht im gleichen funktionellen Zusammenhang zur Nachfrage steht wie irgendeine nach ökonomischen Gesichtspunkten produzierte Ware. Die Hauptbestimmungsgröße des Arbeitsangebotes, die Größe der Bevölkerung und deren Gliederung ist eine unabhängige Variable im Arbeitspreisbildungsprozeß. Bei steigendem Lohn muß nicht unbedingt die Bevölkerung anwachsen oder bei sinkendem Lohn stagnieren oder zurückgehen, ganz abgesehen von der langen Zeit, die verstreichen muß, bis eine solche „Dispositionsänderung der anbietenden Marktpartei" zu einer Einwirkung auf die angebotene Menge führen könnte.

Doch die Bevölkerungszahl allein bestimmt ja nicht die Menge der angebotenen Arbeitsleistung. Bei starrer Bevölkerung ist das Arbeitsangebot durchaus nicht starr. Durch Lohnänderungen kann sich das Verhältnis von arbeitenden zu nichtarbeitenden Schichten der Bevölkerung verschieben und die Arbeitszeit des einzelnen Arbeiters ist ebenfalls variabel. Ob aber die angebotene Arbeitsmenge mit der Lohnbewegung in gleicher Richtung sich verändert, ist mehr als zweifelhaft. Es ist zum Beispiel sowohl denkbar, daß bei steigendem Lohn das Arbeitsangebot der berufstätigen Hausfrauen zurückgeht, als auch daß dann andere Familienmitglieder, durch hohen Lohn angereizt, sich um Arbeit bewerben. Es ist daher wohl berechtigt, in Ansehung des Nichtreagierens der Bevölkerungszahl und des uneinheitlichen Reagierens der konkret angebotenen Arbeitsmenge auf eine Lohnänderung, von einem Fortfall der Ordnungsfunktion des Preises auf das Angebot beim Lohn zu sprechen. Das daher allein nur wirksame Reagieren der Nachfrage auf die Preishöhe muß so gestaltet werden, daß die Wirksamkeit des Preismechanismusses beim Lohn verzögert wird.

Der Hauptgrund jedoch dafür, daß die Arbeiterfreisetzung nicht sofort durch Lohndruck zu einer Wiedereinstellung führt, liegt in der mangelhaften Beweglichkeit des Produktionsfaktors Arbeit begründet.

---

[6] Adolf Weber: a. a. O. S. 88f.

So sagt Cassel[7]: „Wenn die Arbeitskraft mit vollkommener Beweglichkeit sofort nach der jeweiligen Marktlage eingestellt werden könnte, so würde immer volle Beschäftigung vorhanden sein." Die Beweglichkeit der Arbeit müßte aber in doppelter Hinsicht vollkommen sein: 1. der Preis der Arbeit, der Lohn, müßte völlig beweglich sein, und 2. müßte die Arbeit selbst sich den veränderten Marktbedingungen sofort anpassen können. Ohne diesen Mangel der Beweglichkeit ließe sich auch sonst kein Fall von Arbeitslosigkeit denken.

Ein Ausnahmefall, den Strigl anführt[8], besteht immerhin, über dessen praktische Bedeutung jedoch ein Urteil kaum abgegeben werden

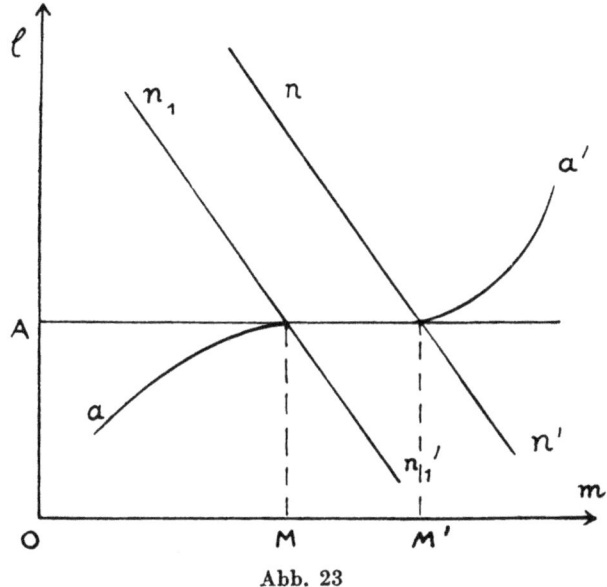

Abb. 23

kann, da es empirisch gefundene Arbeitsangebotskurven noch nicht gibt. In Abb. 23 sei aa' wieder die Angebotskurve und nn' die Nachfragekurve vor Einführung des technischen Fortschritts.

Nach der Rationalisierung wird diese zu $n_1 n_1'$. Waren vorher OM' Arbeiter zu einem Lohn OA beschäftigt, so sind es nachher nur noch OM zum gleichen Lohne OA. Die Arbeitslosigkeit beträgt dann MM', das heißt diese Anbieter waren bereit, zum geltenden Lohnsatz OA zu arbeiten, können aber keine Arbeit finden. Eine noch so große Beweglichkeit des Lohnes oder der Arbeiter selbst könnte die Arbeitslosen nicht resorbieren.

[7] Gustav Cassel in der Sozialen Praxis 1926, Sp. 1058.
[8] Richard Strigl: Kapital und Produktion. Wien 1934, S. 107.

Der Preis für die Arbeitsleistung, der Lohn, wird von mehreren Seiten gehemmt, sich den Marktverhältnissen anzupassen. Eine Lohnsenkung, die notwendig wäre, um den Lohnsatz des Gleichgewichtspunktes zu erreichen, wird seitens der Arbeiter stets auf harten Widerstand stoßen, denn „das, was man hergebrachtermaßen für das Leben glaubt nötig zu haben, bildet einen besonders starken Wall gegen die Bemühungen, den Lohn herabzudrücken"[9].

Noch schwieriger wird die Anpassung, wenn eine monopolistische Organisation der anbietenden Arbeiter (Gewerkschaft) besteht. Eine solche monopolistische Lohnhochhaltung verhindert die notwendige Lohnsenkung und macht den Produktionsfaktor Arbeit noch unbeweglicher als er ohnedies schon ist. Bei einer notwendig gewordenen Lohnsteigerung dagegen können solche Monopolorganisationen der Anbieter sehr wohl die Anpassungselastizität des Preises verbessern helfen, laufen jedoch Gefahr, dann den Gleichgewichtslohn zu überschreiten, um noch eine Monopolrente realisieren zu können. In Hinsicht auf den Ausgleich regional verschiedener Arbeitsmärkte können diese Organisationen durch Hinderung des Zuzugs von Arbeitern aus anderen Bezirken die Beweglichkeit des Produktionsfaktors Arbeit gleichfalls mindern.

Aber nicht nur die monopolistische Lohnbeeinflussung seitens der Arbeiter, auch die monopsonistische[10] Macht der Unternehmer mindert die Mobilität der Arbeit und ihres Preises[11]. Die Festlegung der Lohnsätze durch den Staat, der keine der beiden Marktparteien vertreten will, kann bei ungenügender Einsicht in die Marktverhältnisse die Beweglichkeit der Arbeit und die Anpassungselastizität des Lohnes gleichfalls mindern, bei guter Einsicht dagegen kann der Staat sehr wohl die Beweglichkeit verbessern. Und auf diesem Gebiete der Verbindung getrennter Arbeitsmärkte und der Festsetzung des Lohnes in der Nähe des jeweiligen Gleichgewichtslohnes liegt meines Erachtens die Aufgabe des Staates, die Arbeitslosigkeit auf die Dauer zu bekämpfen.

Zu einem entscheidenden Hemmnis auf dem Wege zur marktmäßig richtigen Lohnhöhe muß auch die aus sozialpolitischen und staatspolitischen Gründen notwendige Arbeitslosenunterstützung werden, wobei es gleichgültig sein kann, wer die Unterstützung gewährt, sei es der Staat, Verwandte des Betroffenen oder dieser selbst, indem er seine Er-

---

[9] Adolf Weber: a. a. O. S. 110.
[10] = nachfragemonopolistisch. Vgl. Joan Robinson: The Economics of imperfect Competition. London 1933, S. 215, Anm. 1.
[11] Joseph Schumpeter („Die Arbeitslosigkeit" im Deutschen Volkswirt, 1. Jahrg., S. 730 f.) geht sogar so weit, die monopsonistische Beherrschung des Arbeitsmarktes durch die Unternehmer als Grund dafür anzugeben, daß die Rationalisierung eine Arbeitslosigkeit als Dauerzustand im Gefolge hat.

sparnisse aufbraucht. Die Arbeitslosenunterstützung bedeutet für den Unternehmer, sei es direkt durch Beteiligung an der Aufbringung der nötigen Beträge, sei es indirekt durch die Steuerzahlung, eine Kostensteigerung, damit eine Minderung seiner Rentabilität, was in den Grenzbetrieben wiederum zur Arbeitslosigkeit führen wird[12]. Die Arbeitslosenunterstützung bedeutet auch eine Minderung der Kapitalbildung, die sich in einem Verbrauchen der Ersparnisse und der Versicherungsleistungen bei einer Arbeitslosenversicherung äußert. So trägt also die Arbeitslosigkeit dynamische Elemente in sich, aus sich heraus noch größer zu werden und so die Anpassung an den Gleichgewichtspunkt noch zu verschlechtern. Andererseits bedeutet das alleinige Vorhandensein einer staatlichen Unterstützung oder einer Versicherung eine Minderung der Dringlichkeit für den Arbeiter, einen neuen Arbeitsplatz zu finden und zögert auch die notwendige Senkung der Angebotskurve hinaus und verhindert deren Sinken unter den Unterstützungssatz.

Aber auch wenn keinerlei Preiseingriffe und Beweglichkeitsbeschränkungen bestehen, oder wenn diese die Anpassung noch erleichtern, treten stärkste Widerstände auf. Es ist stets zu bedenken, daß es keinen einheitlichen Arbeitsmarkt gibt, sondern daß viele Teilarbeitsmärkte nebeneinander bestehen, getrennt durch Ort, Beruf, Qualifikation, Geschlecht, Alter usw. Wir haben es hier nach Cairnes mit sgenannten geschlossenen Gruppen (non competing groups) zu tun, die im short run nicht miteinander in Konkurrenz stehen. Im long run dagegen wirkt sich auch hier die Konkurrenz aus[13].

Entsteht auf einem dieser Teilmärkte eine Freisetzung von Arbeitern durch einen technischen Fortschritt, so wird — wenn keine anderen Hemmungen bestehen — der Lohn hier sinken. Es besteht nun die Tendenz, daß die Arbeiter dieses Marktes auf einen anderen Markt abströmen. So würden sie für die Freigesetzten, wenn auch zu niederem Lohnsatz, Arbeitsplätze schaffen; auf dem anderen Markte würde durch den Zustrom gleichfalls eine Lohnsenkung eintreten. Durch diese Marktvereinigung werden daher normalerweise mehr Arbeiter beschäftigt werden können als ohne Marktvereinigung.

Nicht immer jedoch führt eine Marktvereinigung zu einer Erhöhung des Absatzes, eine Verbindung von Arbeitsmärkten nicht immer zu höherer Beschäftigung. Das Bestehen mehrerer Teilarbeitsmärkte kann bei gewisser Lagerung der Angebots- und Nachfragefunktionen eine geringere Beschäftigung bedeuten als bei vereinheitlichtem Markt[14].

---

[12] Vgl. Gustav Cassel: Selbstkritik (in: Soziale Praxis 1927, Sp. 178).
[13] Vgl. F. W. Taussig: Theorie der internationalen Wirtschaftsbeziehungen. Leipzig 1929, S. 65 ff.
[14] Vgl. zum folgenden auch Augustin Cournot: Untersuchungen über die mathematischen Grundlagen der Theorie des Reichtums. Jena 1924, S. 102 ff.

Es kann durch das Bestehen mehrerer Arbeitsmärkte nebeneinander eine größere Zahl von Arbeitern beschäftigt sein. Deutlich möge uns dieses an einer graphischen Darstellung werden:

In Abb. 24a und in Abb. 24b seien getrennte Arbeitsmärkte mit verschiedenen Löhnen p_1 und p_2 dargestellt, die sich jeweils dort ergeben, wo Angebots- und Nachfragekurven sich schneiden. Solange auf dem Markte b die Nachfrage $n_2 n_2'$ war, war die Gesamtzahl der auf beiden Märkten beschäftigten Arbeiter $(m_1 + m_2)$. Durch den Rückgang der Nachfrage auf $n_2 n_2''$ auf dem Markte b, ausgelöst durch eine arbeitsparende Erfindung, sinkt die Gesamtzahl der Beschäftigten auf $(m_1 + m_2')$. Wäre es nun möglich, beide getrennten Märkte zu ver-

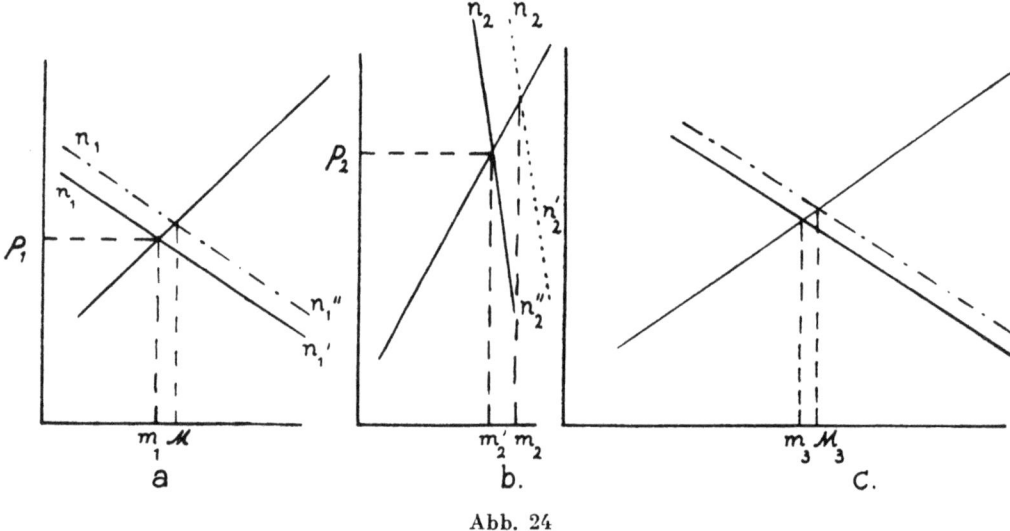

Abb. 24

binden, so ergäbe sich ein Gesamtarbeitsmarkt mit zusammengefaßter Angebots- und Nachfragekurve, wie ihn Abb. 24c darstellt. Es werden dabei die Mengen bei verschiedenen Arbeitspreisen addiert. Die Zahl der Beschäftigten sinkt nun noch stärker, nämlich auf m_3, wobei deutlich ist, daß

$$m_3 < (m_1 + m_2') < (m_1 + m_2).$$

Tritt nun im Verlauf des Kompensationsprozesses an Stelle der in c ausgefallenen Arbeitsnachfrage in a eine zusätzliche ein, wirkt sich also auf dem Markt a die Kompensation der Freisetzung des Marktes b aus, so wird die Nachfrage auf diesem Markte zu $n_1 n_1''$. Die Mehrbeschäftigung wäre $\mu - m_1$. Hätten wir verbundene Märkte, so wäre das Ausmaß der Kompensation geringer, nämlich $\mu_3 - m_3$. „Es erhebt sich demnach kein Widerspruch gegen die Annahme, daß die Verbindung der Märkte" oder der Arbeitsmärkte „die Gesamtproduktion" oder die Beschäftigung „vermindere, und umgekehrt kann die Isolierung der Märkte eine Vermehrung der Menge einer für den Verbrauch gelieferten Ware" oder der Beschäftigung „bewirken. Wir wollen hier lediglich diese Tatsache feststellen, ohne, was widersinnig wäre, der allgemein verbreiteten Ansicht über die Vorteile zu widersprechen, welche die Verbesserung der Verbindungswege oder die Ausdehnung der Märkte für die Allgemeinheit birgt"[15].

Die Tendenz des Ausgleichs der Marktunterschiede besteht so lange, als die Lohnsätze nicht ausgeglichen sind. Da starke Hemmungen der Marktverbindung entgegenstehen, braucht dieser Anpassungsprozeß eine lange Zeit. Der Preisausgleich einer Ware geschieht durch Verbindung der örtlich, zeitlich und sachlich getrennten Märkte. Der Preisausgleich auf sachlich verschiedenen Märkten geschieht durch eine Produktion, die sich zwischenschaltet und auf eigenes Risiko und in der Hoffnung auf einen Gewinn Erzeugnisse eines Marktes in solche eines anderen umwandelt (Veredlungsproduktion). Der Ausgleich verschiedener Preise auf örtlich getrennten Märkten erfolgt bei Waren durch den Handel und eine Verbindung zeitlich getrennter Märkte durch die Spekulation.

Die Arbeit ist nun aber keine Ware, sie wird weder produziert noch gekauft, um wieder verkauft zu werden. Sie läßt sich nicht von ihrem Träger, dem selbstwirtschaftenden Menschen, trennen und kann nicht aufgespeichert werden[16]. Darum kann auch hier kein Mittler am Markte auftreten, der sich auf den Preisausgleich spezialisiert hat. Wohl gibt es Berufsschulen, ein organisiertes Lehrlingswesen, das den Ausgleich zwischen verschiedenen Berufen und Arbeitsqualitäten fördert. Auch der Arbeitsnachweis kann den örtlichen Ausgleich durchführen helfen. Doch sind diese Stellen nur als unvollkommene Marktorgane anzusehen, da hier die Eigenverantwortlichkeit und das selbständige Risikotragen fehlt. Sie können im Bestfall handeln wie Kommissionäre, aber nie wie Händler, die den Besitz der Ware erlangen und bei Strafe ihres wirtschaftlichen Unterganges gezwungen sind, den günstigsten Markt aufzusuchen. Da diese drei Funktionäre des Marktes, Verarbeitungsproduktion, Handel und Spekulation bei der Lohnpreisbildung nicht eingeschaltet sind und nicht eingeschaltet werden können, wird die volkswirtschaftlich richtige Preisbildung auf dem Arbeitsmarkt stark erschwert.

Die Verbindung verschiedener Märkte ist bei der Arbeit sehr

---

[15] Cournot: a. a. O. S. 105.
[16] Adolf Weber: Der Kampf zwischen Kapital und Arbeit. 1930⁵, S. 390.

schwierig, nicht nur weil die Organe fehlen, die sich auf eine Marktverbindung spezialisieren, sondern auch die Kosten sind hier erheblich. Verglichen mit den Kosten, die bei der Verbindung von Kapitalmärkten entstehen, sind die Kosten zur Verbindung der Arbeitsmärkte sehr hoch. Ein Ausgleich verschiedener Zinssätze kann sofort erfolgen, da dort kaum Kosten entstehen, bei Lohndifferenz auf örtlich verschiedenen Märkten ergibt sich der Ausgleich nicht so prompt, da die Kosten sehr erheblich sein können (Umsiedlung). Ebenso kostspielig kann eine Anpassung beruflich verschiedener Löhne durch Berufswechsel sein. Während das Haupthemmnis am regionalen Preisausgleich bei Waren die Transportkosten sind und es bei Kapital das Risiko ist, so sind es bei der Arbeit doch nicht so sehr die an sich schon erheblichen Kosten der Umsiedlung und Umschulung, sondern vor allem alle jene Imponderabilien, die schon durch den Umstand angedeutet sind, daß die Arbeit keine Ware ist. Vaterlandsliebe, Heimatgefühl, soziale Stellung, Gewohnheit, Familie und Freunde, Abwehr gegen alles Fremde usw., alle diese Dinge bewirken neben den rein materiellen Fragen wie Berufsneigung, Aufstiegsmöglichkeiten die Haupthemmnisse gegen einen Ausgleich der Arbeitsmärkte.

Es gibt also, wie wir sahen, neben den wirtschaftlichen Hemmungen wie Umsiedlungs-, Umschulungskosten und das Risiko noch nationale, soziale und allgemein menschliche Hemmungen.

Die Anwendung irgendwelcher neuer technischer Verfahren erfolgt durch die Unternehmer nach vorheriger genauer Kalkulation. Tritt durch die neue Technik eine Kostensenkung ein, so werden die Unternehmer geneigt sein, sie anzuwenden. Soweit es ein arbeitsparender technischer Fortschritt ist, werden vor allem Kapital- und Arbeitskosten verglichen. Der Unternehmer rechnet mit dem geltenden Kapitalzins und dem geltenden Lohnsatz. Auf Grund des Preisverhältnisses von Kapital zu Arbeit wird dies neue technische Verfahren angewandt. Der erste Unternehmer, der das neue Produktionsverfahren benutzt und Arbeiter freisetzt, wird — sofern er einen großen Teil der Nachfrage an einem Arbeitsmarkt selbst ausübt — die Reaktion des Lohnes auf den Rückgang der Nachfrage nach Arbeit mit einkalkulieren, das heißt er wird mit dem mutmaßlichen Preisverhältnis in der Zukunft rechnen müssen. Er wird vielleicht trotz des augenblicklichen Kostenvorteils das neue Verfahren nicht einführen, da er als Folge seines Handelns das Verhältnis der Preise der Produktionsfaktoren selbst wieder verändert, so daß das augenblicklich ertragreichere Verfahren in der Zukunft zu einem ungünstigeren, vielleicht sogar zu einem verlustbringenden wird.

Führen aber viele kleinere Unternehmer, die keinen entscheidenden Teil der Nachfrage nach Arbeit am Teilarbeitsmarkt beherrschen, die arbeitsparende Rationalisierung getrennt durch, so wirkt sich hier das

Quantenproblem[17] aus. Jeder handelt seiner Rentabilitätsrechnung entsprechend richtig. Da aber alle ihre Handlungen in gleiche Richtung lenken, wird das Gesamtergebnis ein unrationelles. Die Arbeiterfreisetzung in einem kleinen Unternehmen hat kaum einen Einfluß auf den Lohnsatz am Arbeitsmarkt. Wird der arbeitsparende technische Fortschritt aber nach einiger Zeit von vielen Unternehmern durchgeführt, so wird auch die Arbeiterfreisetzung eine allgemeine und der Lohn kann so stark sinken, daß das alte technische Verfahren wieder das rentablere wird. Die durchgeführten Investitionen zur Anwendung der neuen Methode müssen als Fehlinvestitionen angesehen werden. Statt der zur Kompensation notwendigen Kapitalbildung tritt eine Kapitalvernichtung ein. In diesem Fall bedeutet die Lohnsenkung, wie Hero Moeller[18] sagt, „nicht Kompensationschance, sondern Schmälerung der Rationalisierungsmöglichkeiten". Doch ist es falsch, diesen Schluß zu verallgemeinern. Die Lohnsenkung kann sehr wohl Kompensationschance sein, und sie ist es in den meisten Fällen wohl auch.

Ist die Beweglichkeit der Arbeit und des Lohnes nicht vollkommen, so vergeht bis zur Anpassung des Arbeitspreises an die neuen Marktdaten eine lange Zeit. Währenddessen kann das neue Verfahren sich schon rentiert haben, die neue Einrichtung kann wirtschaftlich schon so weit abgenutzt sein, daß kein Verlust entstanden ist, da die Rückkehr zum alten Produktionsverfahren dann keine Kapitalvernichtung mehr bedeutet.

Aber auch abgesehen vom Zeitmoment ist dieser Fall des Unrentabelwerdens einer neuen technischen Anlage durch die damit kausal verbundene Lohnsenkung nur ein Sonderfall. Entscheidend ist immer die Art und das Ausmaß der Kostensenkung des neuen technischen Verfahrens selbst. Es gibt solche, die stets günstiger sind als das ersetzte Verfahren, selbst wenn der Preis für Arbeit sich Null nähern sollte. Es sind meist nur solche technischen Methoden, die auf einem geringen Preisvorsprung beruhen, die solche privatwirtschaftlich wie volkswirtschaftlich ungünstige Folgen haben.

Das Ergebnis des Kapitels ist somit dieses: Im allgemeinen stellt die Senkung des Nominallohnes eine Möglichkeit dar, das durch die Arbeiterfreisetzung eingetretene Mißverhältnis der Produktionsfaktoren zueinander zu beseitigen. Solange die Früchte des technischen Fortschritts sich noch nicht in einer Senkung der Verbrauchsgüterpreise für die Arbeiter ausgewirkt haben, geht dies auf Kosten der Lebenshaltung der Arbeiter. Aber da ein tendenzielles Sinken der Lebens-

---

[17] Vgl. Zwiedineck: a. a. O. S. 140.
[18] Hero Moeller: Rationalisierung und Arbeitslosigkeit. Weltwirtschaftliches Archiv 1931, II, S. 418.

haltungskosten zu erwarten ist und die Lohnsenkung selbst stets längere Zeit auf sich warten läßt, ist dieser für den Arbeiter recht bittere Weg der Kompensation in seiner sozialen Schädlichkeit doch nicht zu überschätzen.

IX. Das Tempo des technischen Fortschritts und das Tempo der Kompensation

Bei jedem technischen Fortschritt treten — zumindest in der Verkehrswirtschaft — Kapitalzerstörungen auf. Unternehmen, die eine neue Produktionsmethode zuerst anwenden, zwingen auf dem Markt durch Preisunterbietungen die Unternehmen des gleichen Produktionszweiges das neue Verfahren, bei Strafe ihres wirtschaftlichen Unterganges, gleichfalls sofort einzuführen. Diese Unternehmen besitzen aber noch Maschinen und andere Anlagen, die auf das alte Verfahren eingestellt sind und die bei Umstellung auf die neue technische Methode wertlos werden. Diese Kapitalgüter werden durch Anwendung einer solchen neuen Erfindung wirtschaftlich vernichtet. Trotz der Kapitalzerstörung wird der technische Fortschritt von den Unternehmern angewandt, da so ein größerer Gewinn zu erwarten ist bzw. der durch die Preissenkung eingetretene Verlust geringer wird.

Dieser Kapitalverlust, der für Betriebs- und Volkswirtschaft im Augenblick der Einführung des technischen Fortschrittes zweifellos entsteht, wird nicht im gleichen Zeitpunkt durch eine entsprechende Kapitalbildung kompensiert. Erst nach längerer Zeit können irgendwo in der Volkswirtschaft entsprechende Kapitalbeträge, die als Folge des technischen Fortschrittes gebildet wurden, auftreten, sei es bei den Unternehmern als erhöhte Gewinne, die gespart werden, sei es durch die Konsumenten, die durch die gesteigerten Realeinkommen einen größeren Teil davon sparen oder aber es fließt auch das vermehrte Kapitalangebot aus den gesteigerten Kapital- oder Grundrenteneinkommen[1]. In allen Fällen besteht jedoch eine zeitliche Differenz zwischen der Kapitalzerstörung bei Anwendung des neuen Verfahrens und der gestiegenen volkswirtschaftlichen Produktivität, die erst nach Verlauf einiger Zeit ein entsprechendes Kapitalmehrangebot hervorbringt. Die Kapitalzerstörung ist einmalig, die Kapitalneubildung kontinuierlich und deren Ausmaß steigt mit wachsender Produktivität. Die

---

[1] Diese gesteigerte Kapitalbildung tritt — wie oben ausgeführt — nicht ein, wenn
1. die Gewinne oder die anderen Einkommenssteigerungen völlig dem Konsum zugeführt werden, oder
2. alle Konsumenten ihren Verbrauch durch die Verbilligung als Folge des technischen Fortschritts erhöhen.

Kompensation der Kapitalzerstörung wird stets eintreten, doch der Zeitpunkt ist um so weiter vom Zeitpunkt der Kapitalzerstörung entfernt, je größer die Kapitalvernichtung war und je geringer der Zuwachs an Produktivität sein wird.

Wenn nun die Aufeinanderfolge der technischen Fortschritte eine sehr schnelle ist, so argumentiert zum Beispiel Lederer[2], so werden sich die Kapitalvernichtungen häufen. Die mögliche Kompensation der Arbeiterfreisetzung werde damit sehr in Frage gestellt. Demgegenüber muß folgendes betont werden:

Richtig ist, daß bei der Untersuchung der Kompensation die Kapitalvernichtung im eigenen und fremden Unternehmen oder Produktionszweig mit in Rechnung gezogen werden muß. Damit wird die Höhe der gesamten Gewinne für die Zeit der Anwendung des technischen Fortschrittes geringer sein. Stellen wir uns die Sachlage in Abb. 25 bildlich dar:

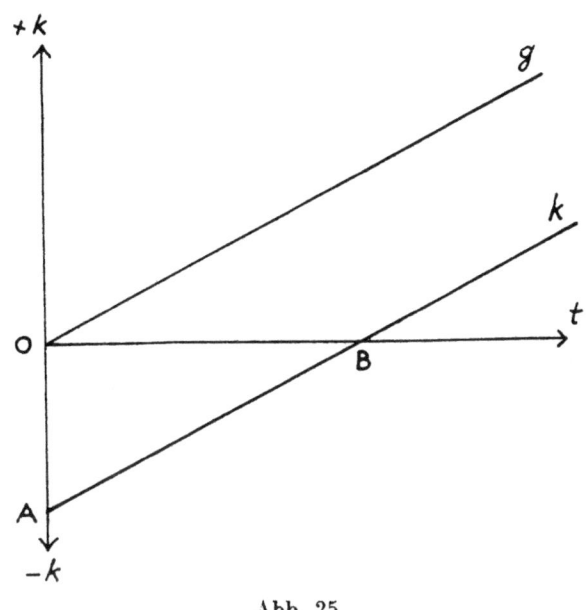

Abb. 25

Die Abszisse ist die Zeitachse, die Ordinate die Kapitalachse. Im Zeitpunkt O tritt nun ein technischer Fortschritt auf, der die bestehenden Anlagen entwertet. Wir tragen diesen Verlust OA auf dem negativen Teil der Kapitalachse ab. Gleichzeitig tritt damit aber ein

---

[2] Emil Lederer: Technischer Fortschritt und Arbeitslosigkeit. Tübingen 1931, S. 108 ff.

Produktivitätszuwachs auf, den wir der Einfachheit halber in gesparten Kapitalmengen messen wollen. Diese mögen nun kontinuierlich auftreten. Wir stellen sie durch die Gerade g dar, wobei die Kapitalmenge mit wachsender Zeit wächst. Bei Zusammenfassung des Kapitalgewinnes und -verlustes erhalten wir die Gerade k, die uns den tatsächlichen Kapitalerfolg der Rationalisierung im Zeitverlauf anzeigt. Bis zum Zeitpunkt B ergibt sich ein Verlust, von da an erhalten wir einen ständig wachsenden Kapitalgewinn.

Führen wir diese Darstellung weiter aus und lassen wir den technischen Fortschritt in zeitlich rascher Folge auftreten, so erhalten wir ein Bild, wie es in Abb. 26 auf S. 71 dargestellt ist.

Die Gerade k stellt uns wieder die Bewegung des tatsächlichen Kapitalerfolgs eines zur Zeit O auftretenden technischen Fortschrittes (in einem Unternehmen, in einem Wirtschaftszweig oder in der gesamten Volkswirtschaft) dar. OA ist hierbei wieder der anfängliche Kapitalverlust. Im Zeitpunkt T_6 wäre, unter sonst gleichbleibenden Umständen, der anfängliche Kapitalverlust durch die wirtschaftlichen Zerstörungen der Kapitalgüter durch die sich in einer Kapitalbildung äußernde gestiegene Produktivität kompensiert. Im Zeitpunkt T_1 wird aber nun wiederum eine neue Erfindung gemacht und es tritt bei deren Anwendung wieder ein Kapitalverlust von CD auf (der gerade $= OA$ sein soll). Diese Rationalisierung bringe einen noch größeren Produktivitätszuwachs, der graphisch durch eine größere Steigerung der Gerade des tatsächlichen Kapitalerfolgs dargestellt ist. Nach einer gleichen Zeit $T_1T_2 = OT_1$ tritt wieder ein technischer Fortschritt ein, der die Anlagen wiederum wirtschaftlich vernichtet, und so einen Verlust bringt von $EF = CD = OA$. Die Produktivität steigt abermals, mit anderen Worten: die Gerade des tatsächlichen Kapitalerfolgs wird wiederum steiler. So folgt nun technischer Fortschritt auf technischen Fortschritt, so daß der Produktivitätserfolg sich in einer Zickzacklinie $OACDEF\ldots$ darstellt, deren Hochpunkte auf einer Parabel zweiten Grades liegen.

Wäre ein Unternehmer auf der Stufe des ersten technischen Fortschrittes stehengeblieben, so wäre der Produktivitätserfolg zum Beispiel in T_6 größer, als wenn jeder neue technische Fortschritt mitgemacht worden wäre, nämlich dann wäre der Kapitalverlust bereits durch den Produktivitätszuwachs abgedeckt, während im anderen Falle, wenn der Unternehmer jeden neuen technischen Fortschritt in seinem Unternehmen angewandt hätte, ein Kapitalverlust von T_6N bestände. In T_{13} dagegen wäre jener Unternehmer im Vorteil, der jeden technischen Fortschritt mitgemacht hätte.

Es gibt also offenbar eine Bestzeit für den Unternehmer, der die ganze technische Entwicklung überblicken könnte, einem technischen Fortschritt zu folgen. Wir finden diese dort, wo der Produktivitäts-

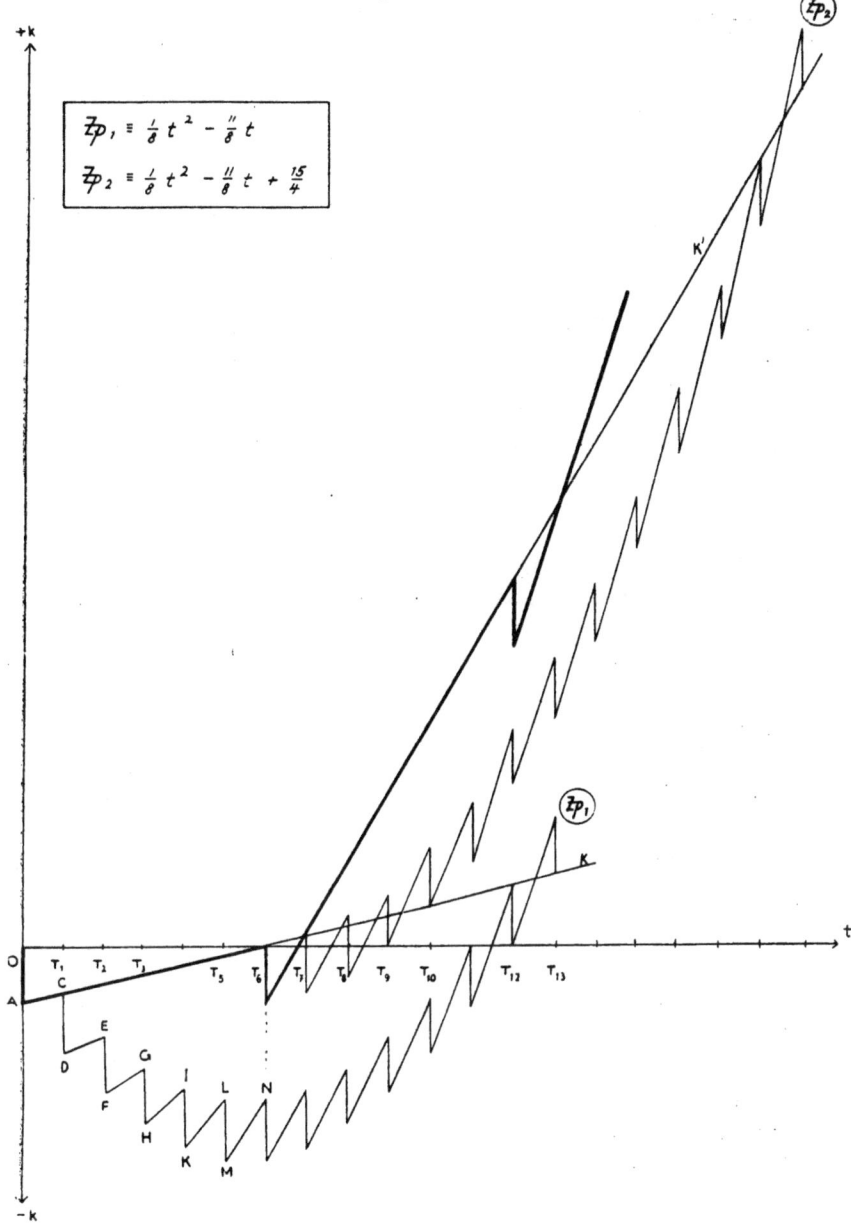

Abb. 26

vorsprung ein Maximum wird, also in unserer Abb. 26 in T_6. Führt der Unternehmer jetzt das modernste Verfahren ein, so wird die Gerade des tatsächlichen Kapitalerfolgs zu k', die über der alten Zickzacklinie verläuft. Würde dieser Unternehmer jetzt alle Rationalisierungen stets mitmachen, so würde seine Produktivitätslinie zu der zweiten Zickzacklinie werden, die stets einen höheren Kapitalerfolg anzeigt als die alte Zickzacklinie. Größer wäre aber der Erfolg wieder, wenn das in T_6 eingeführte Produktionsverfahren bis T_{12} unverändert benutzt würde, um dann vom neuesten Verfahren abgelöst zu werden. Bei T_{12} hätten wir wieder den günstigsten Punkt, das neueste Verfahren einzuführen. Jetzt wäre es wiederum am rationellsten, dieses Verfahren für einige Zeit unverändert beizubehalten. Diese Methode müßte ständig so fortgesetzt werden; es müßte jeweils das Maximum gesucht werden, um die größte Produktivität zu erreichen. Würde so ein Unternehmer handeln können oder ein Monopolist so handeln, dann würde er die größtmögliche Produktivität erreichen. (Die Linie, die dieses anzeigt, ist in der Zeichnung ausgezogen.)

Wir kommen an Hand dieser graphischen Beweisführung zu folgendem Schluß:

Die Ansicht, das schnelle Aufeinanderfolgen der technischen Fortschritte bedeute eine Kapitalvernichtung, ist richtig. Diese Kapitalvernichtung wird aber auf die Dauer (in unserem Fall nach Ablauf einer Zeit von OT_{11}!) kompensiert durch den Produktionszuwachs aus dem produktiveren Verfahren. Richtig ist auch die Ansicht, das Verharren bei alter Technik verhindere Anlagevernichtungen und sei vorteilhafter als jedes Mitmachen jeder technischen Neuerung. Dies gilt hingegen nur im short run (in unserem Fall für die Zeit OT_{12}). Es gibt Bestzeiten für den Unternehmer und für die gesamte Volkswirtschaft technische Neuerungen einzuführen, um ein Maximum an Produktivitätszuwachs zu erreichen.

Dieses Ergebnis, das einen Mangel der Konkurrenzwirtschaft aufzeigt, darf uns nicht veranlassen, die Planwirtschaft als jene Wirtschaft anzusehen, in der das theoretisch gefundene Maximum an Produktivitätszuwachs erreicht werden könnte. Ein Planwirtschaftler, der das Optimum erreichen wollte, müßte die ganze technische Entwicklung vorhersehen können. Erst dann wäre das Verfahren gerechtfertigt, die jeweils neueste technische Methode nicht immer sofort anzuwenden und nur von Zeit zu Zeit das neueste Verfahren einzuführen.

Wenn allerdings die technischen Fortschritte sich in sehr schneller Folge überholen und man mit großer Wahrscheinlichkeit mit weiteren technischen Neuerungen rechnen kann, wird es vielleicht gut sein, aus Gründen des Vermeidens von Kapitalvernichtungen und aller jener Schwierigkeiten, die auf dem Arbeitsmarkt entstehen müssen, die Wirtschaftspolitik der Planstelle im Sinne einer Zügelung des technischen Fortschrittes eingreifen zu lassen. Doch erhebt sich hier wiederum die Frage, ob die bei Strafe ihres wirtschaftlichen Unterganges an genauer Analyse der zukünftigen technischen Entwicklung interessierten privaten Unternehmer in der Konkurrenzwirtschaft nicht einen ebenso guten, wenn nicht besseren Blick für die technische Zukunft haben als die bürokratische Planstelle und ob nicht gerade sie die bestmögliche Produktivität der Gesamtwirtschaft erreichen werden. Ich glaube, diese Frage aufwerfen, heißt auch schon sie bejahen.

Das Ergebnis war bisher, daß eine noch so große Kapitalvernichtung als Folge des technischen Fortschrittes auf die Dauer überkompensiert wird durch den Produktivitätszuwachs, der normalerweise in eine gesteigerte Kapitalbildung ausmündet. Mit anderen Worten: unsere parabolische Zickzacklinie wird bei anfänglichem Sinken dennoch stets einen Tiefpunkt erreichen, von welchem ab die Produktivität steigt und die Tendenz besteht, daß die Kapitalvernichtung überkompensiert wird. Auch wird der anfängliche Vorsprung eines technisch veralteten Unternehmens auf die Dauer ein- und überholt werden. Hält man sich vor Augen, daß jeder Rückgang des Kapitalbestandes eine Minderung der Arbeitsgelegenheiten bedeutet, so kann man aus dem Dargelegten ermessen, daß die schnelle Folge der technischen Fortschritte mit der anfänglichen Minderung der Kapitalmenge (während der Zeit OT_{11}) eine zusätzliche Belastung für den Arbeitsmarkt sein kann. Der Kapitalbestand vermindert sich während dieser Zeit (das heißt im short run) und damit bei geringerer Beweglichkeit des Lohnes die Zahl der Arbeitsplätze.

Da wir nun annehmen müssen, daß der technische Fortschritt nicht nur in einem Produktionszweig allein diese Tendenz der anfänglichen Kapitalvernichtung zeigt, sondern auch in anderen, und daß Zeiten der vorübergehenden Kapitalminderung in einem Zweig zusammenfallen mit einem absoluten Kapitalzuwachs in anderen Zweigen, so reduzieren sich unsere Bedenken auf ein Mindestmaß. Die Zickzackparabeln verschiedener Produktionszweige überdecken sich so, daß eine deutlich aufsteigende Tendenz der gesamten Kapitalbildung entstehen muß. Unter normalen Verhältnissen[3] kann also von dieser Seite, das heißt

---

[3] Anders wäre es, wenn die Zickzackparabeln nicht gleichmäßig oder auch nur nicht annähernd gleichmäßig nacheinanderfolgen; so kann es sein, daß der Zeitpunkt des Beginns mehrerer solcher Kapitalerfolgsparabeln verschiedener Produktionszweige zusammenfällt. Die Ursachen können exogener Natur sein, als Folge technischer Willkür oder einer durch politische Gründe bedingten stoßartigen Anwendung gemachter Erfindungen, oder auch indogener Natur als Folge einer Kapitalanreicherung im Konjunkturverlauf, die eine massenhafte Anwendung früher gemachter Erfindungen bringt. Treffen nun die Anfangspunkte vieler derartiger Kapitalerfolgsparabeln zusammen, so kann sich für die Volkswirtschaft sehr wohl eine anfäng-

von der Seite der Kapitalzerstörungen durch zu schnelle Folge der technischen Fortschritte aufeinander keine Störung für den Arbeitsmarkt entstehen.

Im eben Behandelten kamen wir zum Ergebnis, daß das Tempo der Folge der technischen Fortschritte aufeinander als Ursache einer Kapitalvernichtung zu keiner besonderen Quelle der Arbeitslosigkeit werden kann. Aus dem Zusammenwirken des Folgetempos des technischen Fortschrittes und dem Kompensationstempo der Arbeitslosigkeit — das ist jene Zeit, die notwendig ist, um eine Kompensation der Freisetzung zu ermöglichen — ergibt sich aber bei einem gewissen Verhältnis beider zueinander eine Arbeitslosigkeit, die sehr wohl lang dauernd sein kann.

Denken wir uns wieder die Zeit in Abb. 27 auf der Abszisse abgetragen, auf der Ordinate die Zahl der Arbeitslosen, so ergibt sich,

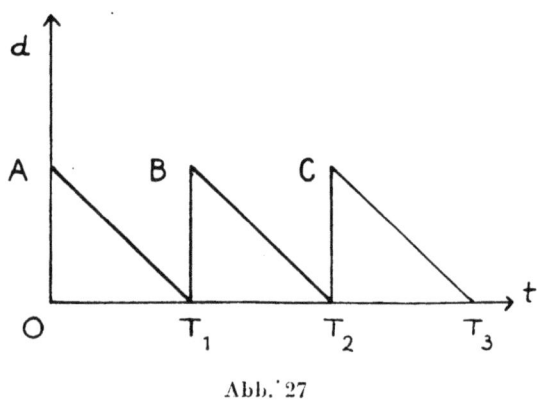

Abb. 27

wenn das Folgetempo des technischen Fortschrittes gerade gleich dem Kompensationstempo ist, obenstehendes Bild. Im Zeitpunkt O tritt eine Freisetzung von OA Arbeitern ein. Nach Ablauf einer Zeit von OT_1 haben diese Arbeiter wieder alle Beschäftigung gefunden, die Kompensation erforderte somit eine Zeit OT_1. Tritt nun im Zeitpunkt T_1 ein neuer technischer Fortschritt auf von gleichem Ausmaß, sei es in diesem Produktionszweig oder in einem anderen, so wird wiederum eine Freisetzung eintreten von $T_1B = OA$-Arbeitern. Im Zeitpunkt T_2 wird diese wieder kompensiert sein, und jetzt werden wiederum gleich viel Arbeiter freigesetzt, die erst im Zeitpunkt T_2 wieder alle Beschäfti-

---

liche (das heißt im short run wirkende) Kapitalvernichtung ergeben. Diese müßte aber stark krisenhafte Entwicklungen bringen für den Zeitraum, in dem die Zickzackparabeln des Kapitalerfolgs im Negativen verlaufen, das heißt Kapitalvernichtungen anzeigen. Solche gehäuften Kapitalzerstörungen in einem längeren Zeitraum erschweren dann naturgemäß die Kompensation der Arbeiterfreisetzung.

gung gefunden haben. Eine Dauerarbeitslosigkeit kann also unter diesen Voraussetzungen nicht eintreten.

Halten wir die Kompensationszeit, das heißt die Zeit, die zur Kompensation der Arbeiterfreisetzung erforderlich ist, konstant mit OT_1 und variieren die Folgezeit des technischen Fortschrittes. Solange die Folgezeit größer ist als die Kompensationszeit, kann ceteris paribus keine Dauerarbeitslosigkeit eintreten.

In Abb. 28 ist die Folgezeit OT_0 kürzer als die Kompensationszeit OT_1. Von den im Zeitpunkt O freigesetzten Arbeitern OA sind in T_0 noch T_0B ohne Beschäftigung. Jetzt trete eine neue Freisetzung durch technischen Fortschritt ein von $BC = OA$-Arbeitern. Diese gesamte Freisetzung von $T_0B + BC$ Arbeitern wäre in T_3 kompensiert. Inzwischen (T_2) tritt aber eine neue Freisetzung ein. Die neue Freisetzung

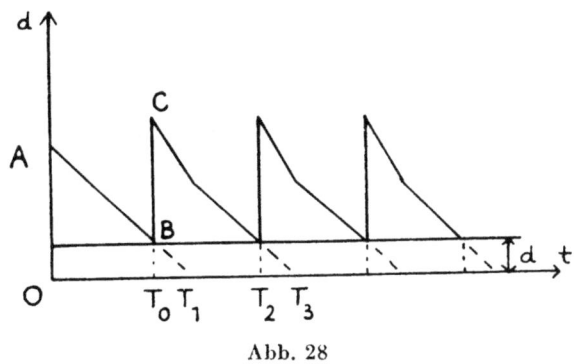

Abb. 28

entsteht also immer schon, bevor eine völlige Kompensation eingetreten ist. Es ergibt sich, wie aus unserer Abbildung leicht ersichtlich ist, eine Dauerarbeitslosigkeit von der Größe d.

Wird das Folgetempo ein noch schnelleres, so wird die Dauerarbeitslosigkeit unverhältnismäßig größer, als sich die Proportion Folgetempo zu Kompensationstempo verschoben hat.

In Abb. 29 ist die Kompensationszeit wiederum OT_1. Die Folgezeit des technischen Fortschritts dagegen wurde gegenüber Abb. 28 auf ein Drittel verkürzt, nämlich auf OT_0'. Hierdurch ergibt sich, wie die Abbildung zeigt, eine sechsmal größere Dauerarbeitslosigkeit (d_1) als im vorherigen Falle.

Wir kommen somit zum Ergebnis: Nur wenn die Kompensationszeit gerade gleich oder kleiner ist als die Folgezeit des technischen Fortschrittes, entsteht unter sonst gleichbleibenden Umständen keine Dauerarbeitslosigkeit. Ist die Kompensationszeit dagegen größer als die Folgezeit, so muß Dauerarbeitslosigkeit entstehen. Bei Verkürzung der

Folgezeit wächst das Ausmaß der Dauerarbeitslosigkeit unverhältnismäßig.

Nun ist die Kompensationszeit und auch die Folgezeit nicht in jedem Falle gleich, wie es hier bei unserer Beweisführung angenommen wurde. Sie sind sowohl verschieden in verschiedenen Produktionszweigen und verschieden im gleichen Produktionszweig zu verschiedenen Zeiten. Die Folgezeit ist für den Wirtschafter ein Datum, das ihm die Technik gibt und auf das er keinen Einfluß hat. Die Bedingungen der Kompensation sind weder in zeitlicher noch in räumlicher noch in sachlicher Hinsicht konstant und können durch geeignete Wirtschaftspoli-

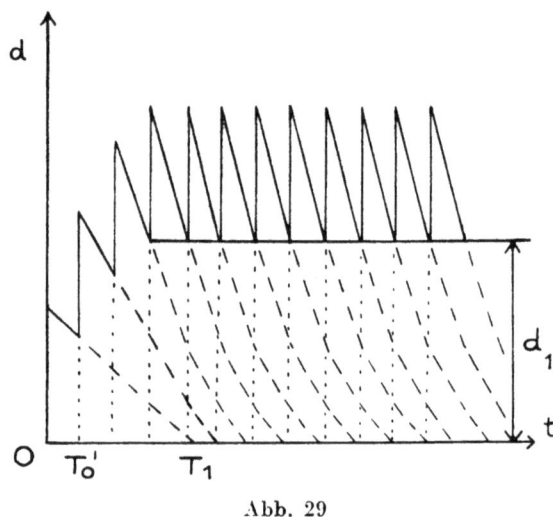

Abb. 29

tik beeinflußt werden. Zwei Möglichkeiten bestehen nun, um die Kompensationszeit zu verringern, erstens eine Förderung der Kapitalbildung und zweitens eine Verbesserung der Beweglichkeit des Faktors Arbeit.

Nach alledem ist es offenbar, welch eine wichtige Rolle Kompensationszeit und Folgezeit zur Beurteilung der Frage spielen, ob der technische Fortschritt eine Dauerarbeitslosigkeit hervorrufen könne oder nicht.

X. Das Ergebnis

Ziehen wir den Schlußstrich unter unsere Untersuchungen, so muß das Ergebnis dieses sein:

Ein arbeitsparender technischer Fortschritt kann Arbeitslosigkeit erzeugen. Daß eine Kompensation dieser Freisetzung eintreten muß, steht außer Zweifel. Auch wenn diese nicht durch eine gesteigerte Kapitalbildung als Folge des technischen Fortschritts erfolgt, so muß notwendigerweise die Kompensation durch die Lohnbewegung erfolgen. Jedoch der Zeitpunkt und der Ort der Kompensation fällt nur in den seltensten Fällen mit dem Ort und dem Zeitpunkt der Freisetzung zusammen. Es können darum große örtliche Schädigungen eintreten, die nicht durch diesen technischen Fortschritt wieder geheilt werden. Ganze Produktionszweige und ganze Landesteile können durch eine umwälzende Erfindung geschädigt, ja sogar vernichtet werden, ohne daß ihnen selbst die nachfolgenden Segnungen des technischen Fortschritts zugute kommen. Die Erfindung des Mähdreschers, die nur in bestimmten Gebieten — so vor allem in Amerika und Rußland — anwendbar ist, hat dem deutschen Getreidebau einen dauernden Schaden zugefügt. Ebenso kann auch die synthetische Herstellung mancher Rohstoffe — Stickstoff, Gummi, Seide zum Beispiel — ganze Volkswirtschaften für lange Zeit schädigen, während die Vorteile vorläufig nur anderen zugute kommen. Die betroffenen Arbeiter verlieren Arbeit und Brot, statt dessen haben andere Arbeiter in anderen Berufen und Gebieten, manchmal sogar in anderen Volkswirtschaften, bessere Beschäftigungsmöglichkeiten. Für die Freigesetzten ist es dann nur ein geringer Trost, zu wissen, daß die Segnungen einer Maschine, die sie arbeitslos gemacht und ihrer Existenz beraubt hat, heute anderen, ihnen oder ihren Kindern vielleicht erst in viel späterer Zeit zugute kommen werden.

Notwendig zu sagen bleibt, daß nicht eine Kompensation der Freisetzung schlechthin eintreten muß, sondern nur, daß die Kompensation einer konkreten Freisetzung gesichert ist. Es kann — bei gewissem Verhältnis von Folgezeit zu Kompensationszeit — trotz der notwendig eintretenden Kompensation sehr wohl eine Dauerarbeitslosigkeit entstehen. Die Folgezeiten der technischen Fortschritte sind der Wirtschaft gegebene Größen. Die Dauer der Kompensationszeit ist abhängig von der Schnelligkeit, in der sich der Produktionsfortschritt in eine gesteigerte Kapitalbildung verwandelt und von der Beweglichkeit der Produktionsfaktoren, vor allem von der Beweglichkeit der Arbeit und des Lohnes.

Die Kapitalbildung wird wahrscheinlich größer sein, wenn der Produktionsfortschritt sich in Unternehmergewinnen niederschlägt statt in Preisermäßigungen und damit meist in erhöhtem Konsum. Aber nicht nur die Größe, sondern auch die Dauer der anfallenden zusätzlichen Unternehmergewinne ist wichtig. Je weiter der Zeitpunkt der notwendig eintretenden Preissenkung hinausgezögert wird, desto größer sind die Chancen für eine Kapitalbildung und damit für eine schnelle Kompensation. Monopole und ein ausgedehntes Patentwesen vermögen daher die Anpassung zu erleichtern. Da jedoch stets — außer beim Monopol — der Produktionszuwachs letztlich in eine Preissenkung ausmündet, so erfolgt die Resorbierung der Freigesetzten um so schneller, je weiter das betroffene Gut von der Konsumreife entfernt ist, somit die Vorteile nicht zu unmittelbar größerem Konsum führen, sondern zu größerer Produktion. Das erwünschte Maximum an Kapitalbildung muß jedoch mit einem Minimum von Kapitalvernichtung verbunden sein, um die Störung am Arbeitsmarkt so gering wie möglich werden zu lassen. Diese wirtschaftliche Zerstörung von Kapitalgütern muß in einer wenig anlageintensiven Wirtschaft gering sein. Ebenso in einer solchen, in der die Arbeitsteilung so gering ist, daß nur wenig Nachfrageverschiebungen eintreten können. Es wird deutlich, daß in dieser Hinsicht unsere Wirtschaft sich immer weiter entfernt vom Zustand, der einer nur geringen Anlagegütervernichtung günstig ist.

Aber für die Kompensation einer anfänglichen Arbeiterfreisetzung ist nicht nur das Ausmaß der dadurch ausgelösten Kapitalbildung und Kapitalvernichtung entscheidend, sondern ebenso die Beweglichkeit des Kapitals und vor allem der Arbeit. Die Beweglichkeit des Kapitals ist um so größer, je weniger Selbstfinanzierung getrieben wird und je weniger die Preise gebundene Preise sind. Wir sehen hier eine Gegentendenz zum oben Gesagten. Wurde dort gefunden, daß Monopole für die Kompensation günstig sind, da sie eine gesteigerte Kapitalbildung als wahrscheinlich erscheinen lassen, so muß doch betont werden, daß die Monopole der Kompensation auch entgegenwirken können, da sie die Beweglichkeit des Kapitals mindern. Ebenso zögert die mangelhafte Beweglichkeit der Arbeit und des Lohnes die Kompensation der Freisetzung hinaus. Je beweglicher die Arbeit und je beweglicher der Lohn, desto reibungsloser und schneller kann die Anpassung erfolgen.

Kann nun die Kompensation der Arbeiterfreisetzung durch planmäßige Eingriffe erleichtert werden? Wenn wir der Vorteile der technischen Fortschritte nicht verlustig gehen wollen, dürfen wir nicht deren Anwendung überhaupt verbieten. Es bleiben daher grundsätzlich nur zwei Wege, entweder Verlängerung der Folgezeit der technischen Fortschritte oder Verkürzung der Kompensationszeit der Freisetzung. Eine Verlängerung der Folgezeit könnte in manchen Fällen sehr wohl zweckmäßig sein, doch da wir die Zukunft der technischen Entwicklung nicht voraussehen können, würde durch einen solchen planwirtschaftlichen Eingriff wahrscheinlich mehr an Kapitalgütern vernichtet werden, als man dadurch an Kapitalgütervernichtung vermeiden wollte. Eine solche Behörde, die den technischen Fortschritt zu überwachen hätte, könnte man mit Arthur Salz ebensogut als Wirtschaftsinquisition wie als Planwirtschaftskommission bezeichnen, denn wenn jede neue Erfindung erst auf ihre soziale und volkswirtschaftliche Schädlichkeit untersucht werden sollte, so würde der technische Fortschritt, der heute weniger das Ergebnis des Zufalls als zielbewußter wissenschaftlicher Arbeit ist, bald weniger häufig sein. Investitionsverbote werden daher immer nur Notmaßnahmen sein können. Alle planwirtschaftlichen Eingriffe zur Zügelung des technischen Fortschritts dürfen schon aus dem Grunde nur Übergangs- und Notmaßnahmen sein, da die volkswirtschaftliche Konkurrenzfähigkeit dem Auslande gegenüber dadurch in Gefahr gerät.

Nach alledem bleibt nur die Einwirkung auf die Kompensationszeit. Hier kann der Staat durch seine Lohnpolitik die Anpassung erleichtern. Durch aktives Eingreifen zur Anpassung der Lohnsätze an die Notwendigkeiten der Wirtschaft kann die Arbeitslosigkeit sehr abgekürzt werden, damit wird dann aber auch die drohende Gefahr der Dauerarbeitslosigkeit geringer.

Das beste Mittel jedoch, die Proportionalität von Kapital und Arbeit wiederherzustellen, ist und bleibt die Kapitalbildung. Jede Maßnahme, diese zu fördern, ist auch der sicherste Weg, die automatische Kompensation der Arbeiterfreisetzung durch den technischen Fortschritt zu stützen und zu beschleunigen.

Literatur

1. Freisetzungs- und Kompensationstheorie

Der wissenschaftliche Streit darüber, ob Freisetzung oder Kompensation das Endergebnis des technischen Fortschritts ist, beginnt schon mit der klassischen Nationalökonomie. Zweifellos hat die Umwelt nicht nur die induktive, sondern auch die deduktive Forschung in ihren Ergebnissen beeinflußt. So scheint auch David Ricardo in der dritten Auflage seiner Grundzüge der Volkswirtschaft und Besteuerung, 1821, unter dem Einfluß der Krise von 1815/20 seine Meinung geändert zu haben. Ursprünglich vertrat er die Kompensationstheorie, wandte sich dann jedoch gegen diese seine frühere Meinung und trat für die Freisetzungstheorie ein. Gleicher Ansicht war im wesentlichen John Stuart Mill: Grundsätze der politischen Ökonomie, I, Jena 1924. Anders dagegen Senior, James Mill, Torrens und vor allem Mc Culloch: The Principles of Political Economy, London 1830, die als Vertreter der Kompensationstheorie anzusprechen sind.

Demgegenüber vertraten Karl Marx (Das Kapital, I, Hamburg 1867) und die Marxisten Rosa Luxemburg (Die Akkumulation des Kapitals, Berlin 1913) und Fritz Sternberg (Der Imperialismus, Berlin 1926) entschieden die Freisetzungstheorie, die Marx auf die propagandistische Formel brachte: „Das Arbeitsmittel erschlägt den Arbeiter".

Gegen diese Auffassung wandten sich mit Entschiedenheit dann Heinrich Dietzel: Das Produzenteninteresse der Arbeiter und die Handelsfreiheit, Leipzig 1903, Heinrich Mannstaedt: Die kapitalistische Anwendung der Maschinerie, Jena 1905, und Adolf Weber in seiner Allgemeinen Volkswirtschaftslehre, München und Leipzig 1932.

Besonders aktuell wurde das Maschinenproblem wieder nach der großen deutschen Rationalisierungsepoche, und auch hier waren die Meinungen offenbar beeindruckt durch ein bisher unbekanntes Ausmaß von Arbeitslosigkeit. In rein deduktiver Weise hat wohl zuerst Emil Lederer: Technischer Fortschritt und Arbeitslosigkeit, Tübingen 1931, das Problem umfassend dargestellt. Er kommt zu einer Bejahung der Gedankengänge der Freisetzungstheorie und legt besonderes Gewicht auf die Feststellung der unheilvollen Wirkung schnell aufeinanderfolgender technischer Fortschritte. Von der empirisch-realistischen Seite hat vor allem Otto v. Zwiedineck-Südenhorst: Beiträge zur Erklärung der strukturellen Arbeitslosigkeit (Viertjh. z. Konjf., 2. Jahrg., Berlin 1927), das Thema behandelt. Die ebenfalls vorwiegend induktive Arbeit von Manuel Saitzew: Eine lange Welle der Arbeitslosigkeit (in: Schrift. d. Vereins f. Sozialp., Bd. 185, I, 1932) lag den Verhandlungen des Vereins für Sozialpolitik über „Deutschland und die Weltkrise" in Dresden 1932 (Schrft. d. Vereins f. Sozialp., Bd. 187) als Diskussionsbasis zugrunde. Ebenso wie Saitzew legt auch Otto Bauer: Rationalisierung — Fehlrationalisierung, Wien 1931, auf den

Unterschied zwischen volkswirtschaftlicher und privatwirtschaftlicher Rationalisierung großes Gewicht.

Die Kompensationstheorie vertreten heute, außer den schon oben genannten, Alexander Mahr: Hauptprobleme der Arbeitslosigkeit, Leipzig und Wien 1931, Fritz Machlup: Führer durch die Krisenpolitik, Wien 1934, und Otto Veit: Die Tragik des technischen Zeitalters, Berlin 1935. Eine besonders klare und genau analysierende Untersuchung gibt Hero Moeller: Rationalisierung und Arbeitslosigkeit (in: Weltwirtsch. Arch. 1932 II, S. 387). Von weiteren neueren Arbeiten sind zu nennen: Ludwig Heyde: Rationalisierung und Arbeiterschaft (in: „Strukturwandlungen der deutschen Volkswirtschaft", 1928), Gerda Lesser: Die Freisetzung des Arbeiters durch die Maschine, Rostock 1928, Gojko Grdjić: Rationalisierung, Arbeitslosigkeit und Arbeitszeitverkürzung, Berlin 1935, und Alfred Kähler: Die Theorie der Arbeiterfreisetzung durch die Maschine, Leipzig 1933, dessen Arbeit wohl unter einem zu weit getriebenen Aufwand an theoretischen Konstruktionen leidet, jedoch einen guten dogmengeschichtlichen Überblick gibt.

2. Zum Kapitalproblem

das stets die Grundlage einer Untersuchung über technischen Fortschritt und Arbeitslosigkeit sein muß, ist in erster Linie wichtig: Walter Eucken: Kapitaltheoretische Untersuchungen, Jena 1934, L. v. Birck: Technischer Fortschritt und Überproduktion, Jena 1927, Mark Mitnitzky: Kapitalbildung und Arbeitslosigkeit (in: Archiv f. Sozw. u. Sozp. 1931, S. 62), Wilhelm Röpke: Die Theorie der Kapitalbildung, Tübingen 1929.

Für die Beurteilung des Sparkapitalangebots ist vor allem zu beachten: Gustav Cassel: Theoretische Sozialökonomie, Leipzig 1932[5], Friedrich A. v. Hayek: Gibt es einen Widersinn des Sparens? (in: Zeitschr. f. Nationalök. 1929, S. 387 ff.), Charlotte v. Reichenau: Die Kapitalfunktion des Kredits, Jena 1932, Erich Preiser: Grundzüge der Konjunkturtheorie, Tübingen 1933.

Für die Kapitalbildung durch Bankkredit: Joseph Schumpeter: Theorie der wirtschaftlichen Entwicklung, München und Leipzig 1935[3], Albert L. Hahn: Kredit (in: Handwörterbuch d. Staatsw. V, 1923[4], S. 944 ff.) und Volkswirtschaftliche Theorie des Bankkredits, Tübingen 1920[1], 1930[3], Adolf Lampe: Zur Theorie des Sparprozesses und der Kreditschöpfung, Jena 1926, Hans Neisser: Der Tauschwert des Geldes, Jena 1928. Für die Frage der Kapitalverteilung: Ragnar Nurkse: Internationale Kapitalbewegungen, Wien 1935, und Ernst Wagemann: Zinshöhe und Kapitalverteilung in Deutschland seit 1924 (in: „Kapital und Kapitalismus", 1931).

Das Problem der Kapitalvernichtung ist, außer in den beiläufigen Bemerkungen Ricardos in seiner kleinen Schrift: Zollschutz zugunsten der Landwirtschaft, Jena 1922, noch behandelt von Robert Liefmann: Grundsätze der Volkswirtschaftslehre II, Stuttgart und Berlin 1919, und Herbert v. Beckerath: Technischer Fortschritt und Kapitalverschleiß in freier Konkurrenzwirtschaft und gebundener Wirtschaft (in: „Kapital und Kapitalismus", II, 1931, S. 327).

3. Lohn und Arbeitslosigkeit

Einen kurzen Überblick geben Alfred Amonn: Das Lohnproblem, Berlin 1930, und Jakob Marschak: Die Lohndiskussion, Tübingen 1930.

Grundlegend sind jedoch: Adolf Weber: Der Kampf zwischen Kapital und Arbeit, Tübingen 1930[5], Sozialpolitik, München und Leipzig 1931, Otto v. Zwiedineck-Südenhorst: Die Lohnpreisbildung (G. d. Sozök. IV, Tübingen 1925), und Joseph

Schumpeter: Grundprinzip der Verteilungstheorie (in: Archiv f. Sozw. u. Sozp., Bd. 42, S. 1).

Einen recht interessanten Einblick gewährt die Cassel-Kontroverse in der Sozialen Praxis 1926/27, geführt von den Vertretern der verschiedenen theoretischen und sozialpolitischen Richtungen. Im übrigen: Richardt Strigl: Angewandte Lohntheorie, Leipzig und Wien 1926, Kapital und Produktion, Wien 1934, Emil Lederer: Das Allheilmittel der Lohnsenkung (in: „Magazin der Wirtschaft", 1930, S. 2066), Karl Massar: Die volkswirtschaftliche Funktion hoher Löhne, Heidelberg 1927, Lohnpolitik und Wirtschaftstheorie, Tübingen 1932, v. Zwiedineck-Südenhorst: Die Arbeitslosigkeit und das Gesetz der zeitlichen Einkommensfolge (in: Weltwirtsch. Archiv 1932 II, S. 361), Joseph Schumpeter: Arbeitslosigkeit (in: Deutscher Volkswirt, 1927, S. 729), Ludwig Mises: Die Ursachen der Wirtschaftskrise, Tübingen 1931, Fritzheinrich Curschmann: Zur sozialökonomischen Funktion hoher Löhne, Berlin 1929, Paul Arndt: Lohngesetz und Lohntarif, Frankfurt a. M. 1926, Hans Neisser: Lohnhöhe und Beschäftigungsgrad im Marktgleichgewicht. (in: Weltwirtsch. Archiv 1932 I, S. 415).

Printed by Libri Plureos GmbH
in Hamburg, Germany